Pedro de Morales

Triunfo de los santos

Barcelona **2024**
Linkgua-ediciones.com

Créditos

Título original: Triunfo de los santos.

© 2024, Red ediciones S.L.

e-mail: info@Linkgua-ediciones.com

Diseño de cubierta: Michel Mallard.

ISBN tapa dura: 978-84-1126-192-0.
ISBN rústica: 978-84-9816-546-3.
ISBN ebook: 978-84-9953-475-6.

Sumario

Brevísima presentación

La vida

Pedro de Morales (Valdepeñas, 1538-1614, México). España.

Pedro de Morales ejerció como abogado en Madrid y en Granada antes de entrar en la Compañía de Jesús en 1570. Poco después partió a la Nueva España con la expedición que incluía a Pedro de Hortigosa para «leer las artes y teología» en el Colegio de San Pedro y San Pablo.

Morales trabajó luego como calificador e inquisidor del Santo Oficio y como consultor en el Tercer Concilio Mexicano en 1585.

Vale destacar que en el Virreinato de México la práctica teatral tuvo para la Compañía de Jesús una finalidad «catequística». En los tiempos de Pedro de Morales, el drama religioso era un elemento clave en la labor educativa de la Compañía. Y según prescribía Ignacio de Loyola se debía de hacer más ameno e interesante el magisterio con la realización de actividades como la rima de versos o la práctica de diálogos recitados.

Personajes

Albinio, caballero
Caridad
Cromacio, presidente
Crueldad
Daciano, adelantado
Diocleciano, emperador
Dos alguaciles
Esperanza
Fe
Gentilidad
Idolatría
Iglesia
Magno Constantino
Nuncio
Olimpio, caballero
Pregonero
San Doroteo, mártir
San Gorgonio, mártir
San Juan, mártir
San Pedro, mártir
Secretario
Silvestre, papa

En México, por Antonio Ricardo

Prólogo

En que se representa la persecución de Diocleciano y la prosperidad que se
siguió con el imperio de Constantino.

La Caridad, que es siempre agradecida
y nunca un solo punto estuvo ociosa,
fuerza a salir en algo de medida
en fiesta tan solemne y tan dichosa;
y, agradeciendo el don de la venida
de las reliquias santas, no reposa
hasta que sus triunfos celebrando
en todos vaya el bien comunicando.
Y para que mejor se entienda y vea
la gloria que a los santos es debida,   10
cuéntanse las hazañas y pelea
con que ha sido por ellos merecida;
y pues que Dios se ensalza y se recrea
en ver que por su amor dieron la vida,
quien a los santos ama será justo,
oiga con atención, silencio y gusto.
Y aunque de todos géneros y estados
de cuerpos santos Dios ha concedido
a México los huesos consagrados,
no puede ser de todos referido   20
el modo con que fueron coronados,
y así entre todos hemos escogido
los mártires sagrados, cuya historia
causa a los cuerpos santos suma gloria.
Es la tragedia, historia muy sabida,
de la persecución y torbellino
con que por Diocleciano combatida
la Iglesia fue, y después por Constantino
a suma paz y bien restituida.

Mostrándose mayor favor divino   30
a la sazón, que por juicio humano
parece estaba lejos de su mano.
    La Iglesia, de virtudes adornada,
estaba en su reposo muy contenta,
pensando ser la lluvia ya pasada;
y entonces se levanta más tormenta,
que la Gentilidad acompañada
de Idolatría y Crueldad cruenta,
venciendo el pecho de Diocleciano,
hacen que en perseguirnos ponga mano.   40
    Viendo la tempestad que se movía,
san Pedro, san Gorgonio y Doroteo
(que eran en el palacio de valía)
proponen al martirio su deseo.
Publica el César su cruel porfía
con edicto y pregón horrendo y feo.
Cromacio en Asia a perseguir la gente
se parte, y Daciano al occidente.
    Hace la Iglesia digno sentimiento
en tiempo de peligro y pena tanta.   50
Las Virtudes le dan divino aliento
con que el deseo al padecer levanta.
Un caballero, con ilustre intento,
llamado Juan, movido de ira santa
en la corte, con ánimo valiente,
los edictos rompió públicamente.
    Siendo por esto preso y afligido
y ante el emperador atormentado,
al fin no pudo un punto ser movido.
Pedro, al sacro martirio aficionado   60
publica ser cristiano y haber sido
con Doroteo y Gorgonio acompañado,
y dando por su fe razones fuertes,

fueron a padecer dichosas muertes.
    Procura el César que en ninguna vía
se dé a los cuerpos santos sepultura,
pero la Iglesia, como madre pía,
con grande pompa dársela procura.
Supo el emperador que no podía
vencer la fe conforme a su locura,   70
y de rabia y furor dejó el estado,
y murió duramente atormentado.
    Sucede en el imperio Constantino,
a quien la Santa Cruz por estandarte
fue dada; y con aquel favor divino
venció a Magencio el venturoso Marte.
Después, estando ya al morir vecino,
sin ser para sanarle el mundo parte,
llamó a Silvestre del monte Sorano,
y siendo bautizado quedó sano.   80
    Reconociendo pues el beneficio
tan raro, tan precioso y soberano
para hacer a Dios algún servicio,
entronizó a Silvestre por su mano.
Restituyó el divino sacrificio
y tanto ennobleció el pueblo cristiano
que con razón la Iglesia, de afligida,
quedó triunfante y muy engrandecida.
    Hizo buscar los huesos consagrados
que la persecución había escondido;   90
y siendo dignamente venerados,
les dio templos y culto enriquecido.
Siendo pues nuestros bienes restaurados
en estado cual nunca habían tenido,
vuélvese la tragedia de dolores
en cánticos divinos y loores.
    Triunfa finalmente con grandeza

de la Gentilidad la Iglesia Santa;
de Idolatría, Fe con gran firmeza;
y de la Crueldad que al mundo espanta   100
la divina Esperanza sin flaqueza,
que puso al duro golpe la garganta;
y al fin la Caridad que a todas ellas
concede silla sobre las estrellas.
   Y dada brevemente desto cuenta,
pido atención devota, pues la pide
la grave historia que se representa.
   Y quien con la flaqueza nuestra mide
la empresa grande, ve que sin afrenta
el saber de alcanzarla se despide;   110
pero en hecho tan arduo y tan debido
es gloria acometiendo ser vencido.

Jornada primera

Escena I

Entran Iglesia, Fe, Esperanza y Caridad

Iglesia
¿Quién me dará un talento cual conviene
para loar aquél; que es imposible
que a una perfección de las que tiene
del todo a nadie sea inteligible;
Aquél de quien el bien todo nos viene,
que vive allá en la luz inaccesible,
en aquella región empírea y rica,
donde con su presencia beatifica?
Aquel gran Dios, que está sobre la Luna
y el Sol y las estrellas tan gran trecho,　　　10
¿con qué modo diré dél cosa alguna,
pues cualquier ángel queda satisfecho
en contemplar de cien mil partes una,
con todo gran fervor y hambriento pecho?
Y así, quiero callar, viendo mi falta,
y, callando, adorar cosa tan alta.
Solo querría decir mi lengua ruda
(según al bajo estilo es permitido)
las gracias con que es justo que yo acuda
a Dios, de quien yo tanto he recibido.　　　20
Esto procuraré con vuestra ayuda,
Virtudes, que a guíarme habéis venido;
pues son de ingratitud grandes indicios
al olvido entregar los beneficios.

Fe
Iglesia militante, dulce esposa
del soberano esposo de la altura,
con gran razón te muestras cuidadosa
de darle gracias, pues tal hermosura

en ti puso y te hizo tan graciosa,
que siendo, como eres, su hechura,   30
se enamoró de ti, y cuánto te quiere
en los Cantares largo lo refiere.

Caridad   Allí te llama esposa el dulce esposo
                 y muestra de tu amor tener tal gana
                 que con afecto tierno y amoroso
                 te llama mi paloma, amiga, hermana,
                 y porque en ti su amor no esté dudoso,
                 para que veas que es cierto y cosa llana,
                 dice después de darte tantos nombres
                 que es su contento estarse con los hombres.   40

Esperanza   Eres de quien te hizo muy amada
                 por darte de sus dones tanta parte.
                 De dentro y fuera estás aljofarada
                 con el rocío de gracia; y de tal arte
                 estás con mil lindezas argentada
                 que Dios consigo quiso desposarte;
                 haciendo nuevo Adán al hijo amado,
                 para su compañera te ha criado.

Caridad   De la manera que, el Adán primero
                 durmiendo, fue sacada de su lado   50
                 su esposa; de esa suerte en un madero
                 del sueño de la muerte fue ocupado
                 nuestro segundo Adán, Dios verdadero;
                 y de allí te sacó de su costado
                 y así te levantó tu esposo y padre
                 del lugar donde fue muerta tu madre.

Fe   Debajo de un triste árbol fue violada
                 tu madre, según cuenta la Escritura,

14

y debajo de un árbol engendrada
fuiste del que murió por su criatura.   60

Esperanza   Estabas en el suelo sepultada,
                como semilla seca en tierra dura,
                y de la cruz llovió sangre preciosa
                que te resucitó linda y hermosa.

Iglesia   ¡Bendígate, Señor, la tierra y cielo
                y cuanto acá y allá tienes criado!
                ¡Gracias te den por mí los deste suelo
                con el lumbroso ejército y dorado
                que te goza y te ve sin mortal velo
                sobre este cielo claro y estrellado,   70
                de donde merecí que me criases
                tal y que por tu esposa me tomases!
                Virtudes soberanas, que salistes
                del pecho cristalino de mi amado
                que (según dulcemente referistes)
                me puso en un estado de tal grado;
                pues para encaminarme aquí venistes
                con vuestro saber alto y sublimado,
                decidme, ¿con qué modo irá en aumento
                mi estado sin que pase detrimento?   80

Caridad   Si quieres tener gozo y alegría
                y que crezcan tus pastos y rebaños,
                conviene ser nosotras tres tu guía,
                y así te lograrás por largos años.
                Y tras éstos vendrá el eterno día
                cuando cesen los males y los daños,
                pues somos las Virtudes Teologales,
                que hacen a los hombres celestiales.

Fe

La Fe pone en el hombre tal sapiencia
que lo que su razón no comprende   90
le da a entender, dotándole de ciencia
con que lo sobrenatural entiende.
Y deste modo la alta providencia,
lo que lo razonable no aprende,
lo suple con la Fe que le descubre
el bien que a la razón se anubla y cubre.

Caridad

Y después que la Fe hace patente
el sumo bien que a nos se comunica,
con un grande deseo y muy ferviente
la Voluntad se mueve, y aunque es chica,   100
la Caridad la hace tan potente
que sin fin la dilata y amplifica
y ordena con amor inextinguible
el desorden de la concupiscible.

Esperanza

Desque Voluntad ha deseado
con Caridad al bien que es inefable,
despierta la memoria su cuidado
y, acordándose que es comunicable,
espera alcanzar a lo deseado;
y la Esperanza (que es firme y estable),   110
le da una fuerza tal en la irascible
que le hace posible lo imposible.
Desta arte pues están fortalecidas
tu alma y tus potencias con tal fuerza,
por estar a nosotras tres asidas;
y así no habrá quien quiebre ni estuerza
las tres cuerdas que en uno ves unidas;
pues con ellas el hombre así se esfuerza
que dicen que el cordel destos tres hilos
no bastan a cortarle humanos filos.   120

Iglesia   ¡Cuán claro la experiencia me ha mostrado
          lo que me persuades con razones!
          ¿Quién pues si no vosotras me ha ayudado
          en tantas y tan fuertes tentaciones?
          Pues desde mi niñez no me han faltado
          llanto, pena, aflicción, persecuciones,
          y no solo con esto no he caído,
          mas antes más y más siempre he crecido.
          Por cuya causa siento y hago cuenta
          que con vosotras no me falta nada,   130
          y así estaré gozosa y muy contenta
          por estar con tal gente acompañada.

Caridad   Bien puedes afirmar que te sustenta
          este terno del cual te ves cercada;
          que es tal que, aunque a mí sola me tuvieras,
          conmigo cielo y tierra poseyeras.
          Que, aunque Fe y Esperanza te conviene,
          es solo mientras vives en el suelo.
          Sin mí ninguna dellas valor tiene,
          que yo sola les doy valor del cielo.   140
          En tierra y cielo nadie me detiene,
          que hasta el mismo Dios llega mi vuelo,
          de suerte que en lo ínfimo y supremo
          te guiaré, excediendo todo extremo.

Fe   Como el cuerpo recibe el ser del alma
          y con ella está vivo, recio y fuerte,
          la cual faltando queda puesto en calma
          (según claro parece con la muerte);
          desta arte Caridad tiene la palma
          entre nosotras, y esto de tal suerte   150
          que la Fe y Esperanza es cosa muerta

17

sin Caridad, porque ella nos despierta.

Esperanza   Así como está el alma en toda parte
del cuerpo y toda en todo predomina,
con ese señorío, mando y arte
está la Caridad, virtud divina,
en esotras. Y más podré contarte
(como el gran Agustino determina)
que en su modo esotras principales
llamadas las Virtudes Cardinales.   160

Fe   Afirma ques amor la fortaleza
que sufre por quien ama fuertemente,
y la templanza, amor de tal pureza,
que a quien ama se entrega enteramente,
y la justicia, amor, que con destreza
juzga por el amado rectamente,
y la prudencia, amor, que va juntando
lo bueno así y lo malo va apartando.

Esperanza   Al fin es Caridad quien nos anima,
y, como alma de todas siempre dura,   170
dejándonos acá, se sube arriba,
del arte que muriendo la criatura,
la muerte el cuerpo en tierra le derriba,
y el alma sin morir se va a la altura.
Así el amor nos deja en este suelo
y sube con el alma hasta el cielo.

Caridad   Iglesia Santa, tal serás conmigo
que tendrás sobre todo poderío,
sin temer hambre, sed, ni desabrigo,
ni pobreza, dolor, calor, ni frío,   180
ni la muerte, ni infierno; y así digo

que como Pablo harás un desafío
contra el cielo y la tierra y el profundo,
cuando vivía en carne en este mundo.

Iglesia   Oh dulce Caridad de bienes llena,
¿qué cosa habrá sin ti con buen cimiento?
Tu hermosa, dorada y rica vena
del pecho de Dios tiene el nacimiento;
sin razón se dirá ser cosa buena
lo que de amor no tiene el fundamento.   190
¿Qué no tendré en tenerte, que has podido
vencer a Dios que nunca fue vencido?

Fe   Con ella cumplirás cumplidamente
aquel gran mandamiento que es sin carga,
amando a nuestro Dios enteramente;
y así se te hará dulce lo que amarga,
llevando el yugo suave y dulcemente.
Con ésta cumplirás lo que te encarga
el Señor, que de aquí pende la ley
y los profetas dijo el sumo rey.   200

Esperanza   Con ella ampliarás difusamente
tu gremio, de que estás tan deseosa,
porque es la Caridad tan diligente
que nunca jamás pudo estar ociosa.
La cual te hará crecer de gente en gente
y te hará tan grande y poderosa
que venga (sin que baste ningún daño)
a ser de un pastor todo y un rebaño.

Iglesia   El alma y corazón se me enternecen
en oiros, Virtudes excelentes.   210
Con dulces sentimientos me enmudecen

vuestras palabras, suaves y elocuentes.
De flores mis entrañas se guarnecen
con vuestras claras venas y corrientes.
¡Oh quién pudiera hablar toda la vida
sin cesar de una cosa tan subida!

Caridad   Tratando de una cosa tan preciosa,
no me espanto que sientas el encuentro
del deseo y que estés tan cuidadosa
de no salir de aquello que es tu centro;   220
y por verte que estás tan deseosa,
vámonos todas juntas allá dentro,
que allá despacio asaz te informaremos
y la conversación dilataremos.

Escena II
Entran Gentilidad, Idolatría, Crueldad

Gentilidad   ¡Oh caso extraño y hado lastimero,
que la Gentilidad, emperadora
a quien está sujeto el orbe entero,
a quien contino sirve, en quien adora,
haya venido en un temor tan fiero
de perderse mi estado en sola una hora   230
con esta nueva secta de cristianos
que encanta el corazón de los humanos!
Oh dioses inmortales, ¿qué consejo
en un peligro tal queréis que siga?
¿Qué industria?, ¿qué favor?, ¿o qué aparejo
para domar la gente mi enemiga?
Que si algún tiempo más crecer la dejo
sin que haya quien la estorbe ni persiga,
según que en breve espacio va subiendo,
mi cetro y mi valor irá cayendo.   240

Disimular el caso es gran locura,
que cada día el mal será doblado
si a los principios no se ataja y cura.
Usar de piedad es excusado.
Querer persuadir es cosa dura
al ánimo tan duro y obstinado.
Hagamos lo que el sabio cirujano:
cortar el dedo por sanar la mano.

Idolatría   Quiero romper (pues ésta es causa mía)
en una admiración y llanto extraño,   250
pues soy la generosa Idolatría
a quien resulta desto todo el daño.
¿Cómo tendré yo un punto de alegría
en una confusión y mal tamaño,
que sufra el cielo quel cristiano crezca
y mi querido pueblo desfallezca?
¡Un importuno pueblo tan pesado
que con tener su Dios no se contenta
que con los dioses nuestros sea adorado,
sino que a todos ha de hacer afrenta   260
diciendo que es un solo el que ha criado
el mundo y nuestros dioses atormenta!
¡Pueblo que tiene en poco nuestras leyes,
los presidentes, príncipes y reyes!
Con vana pertinacia y osadía
quiere dar a entender que los pasados,
sujetos a mi imperio y monarquía,
todos han sido ciegos y errados,
sustentando con voces su porfía
estos idiotas contra los letrados,   270
tanto que algunos nobles y varones
dan crédito a sus pérfidas razones.
Ha llegado ya el mal a tanto extremo

21

que todos en un bando conjurados
trabajan noche y día a vela y remo
que los ídolos sean destrozados.
Y si esto no se impide, yo me temo
que son llegados mis postreros hados,
si Crueldad no junta aquí sus furias
y vienen a vengar nuestras injurias.   280
Quieren que el claro nombre y la memoria
de los que celebramos inmortales
por la costumbre antigua y por la historia
suene que fueron hombres y mortales;
y para más oscurecer su gloria,
dicen que cometieron culpas tales,
que creyéndolo todo el vulgo loco
los ídolos y templos tiene en poco.

Crueldad   Ha dado en esta maña el pueblo astuto,
queriendo desta suerte libertarse   290
de no pagar ofrendas y tributo
para que templos puedan sustentarse.
Pero será el ardid de poco fruto,
y con su mismo yerro han de dañarse,
que en lugar de tributos no pagados
serán todos sus bienes confiscados.
Tienen otros abusos y opiniones:
que los teatros, círculos y cosos
de nuestras fiestas son supersticiones,
maldicen nuestras termas y colosos;   300
mas ellos pelearán con los leones,
con onzas, pardos, tigres y con osos
para que sean del todo destruidas
tan falsas opiniones con sus vidas.

Idolatría   Júpiter poderoso, Marte fuerte,

Apolo sabio, ¿cómo hay sufrimiento
con ver tan dura y afrentosa suerte?
Mar, tierra, fuego, estrellas, firmamento,
peste, guerra, dolor, angustia, muerte,
venid, venid a darme este contento.   310
¡Perezca en un instante gente necia
que mis dioses y ritos menosprecia!
Proserpina, que riges y gobiernas
con tu mano las furias infernales
por la Estigia laguna y las eternas
penas, castigadoras de los males
de las tristes moradas y cavernas,
envía a Crueldad con fuerzas tales
que pueda derramar por todo el mundo
el furor y ponzoña del profundo.   320

Crueldad   Odio, rabia, furor, tormento, guerra
vienen, que basto yo por todas ellas;
asuélese en un punto mar y tierra,
perezca el cielo, caigan las estrellas,
que el fuego abrasador aquí se encierra;
y donde yo imprimiere mis centellas,
no podrá resistir alguna cosa
mi fuerza soberana y poderosa.
Yo con mi brío enciendo la braveza
de los fieros verdugos del infierno;   330
yo aumento sus ardides y dureza
que no se aplaca con el llanto eterno.
No hay poder en el mundo ni firmeza
que no retiemble con mi ronco cuerno.
Contra los mismos dioses inmortales
resuenan mis clamores y señales.
Pues los flacos y míseros humanos
solo en pensar en mí se quedan yertos,

que gustan el azote destas manos,
haciendo tal estrago y desconciertos   340
que no perdone hermano a sus hermanos,
ni padre a hijos, hasta verlos muertos;
y así es mayor el número difunto
por hombres que por peste y hambre junto.
Los males que Soberbia, madre nuestra,
quiere que le den gusto ejecutados,
de mí los fía como de maestra
en hechos por la fama celebrados;
y si otra se tuviere por más diestra,
protesto de comérmela a bocados;   350
pues rompe fácilmente mi potencia
las leyes del amor y de clemencia.
Idolatría a quien en tanta cuenta
de reina en el infierno se obedece,
toda mi fuerza aquí se te presenta;
solo resta mandar lo que se ofrece.
No seas de castigos avarienta,
que con el mal la sed del más se crece.
Mata, destroza, asuela, desperdicia,
que muy presta seré en hacer justicia.   360

Idolatría   Ya sabes, Crueldad, con qué contento
más de cinco mil años he vivido
en la gentilidad y hecho asiento
que nadie lo ha turbado ni impedido.
Ahora deste dulce acogimiento
procuran que se ausente mi partido
unos hombres incultos, inhumanos,
que tienen nombre y secta de cristianos.
Y aunque es verdad que han sido ya otras veces
por tu valiente diestra reprimidos,   370
no se acabaron de apurar las heces,

24

antes están soberbios y engreídos.
Mas si con nuevas fuerzas te ofreces,
no dudo que serán por ti rendidos,
y no solo como antes apocados,
mas sujetos del todo o acabados.
Empresa es ésta cierto a ti debida
de tomar por tus manos la venganza
de gente que aún a ti no está rendida;
y si aquí tu valor victoria alcanza,   380
restaurarás la parte ya perdida
de mi reino y darásme confianza
de que mi cetro y mando será eterno,
y se pueblen las sillas del infierno.

Crueldad

Solo por el servirte con mi oficio
dejaré yo de darme a mí la muerte,
pues no te hice entero sacrificio
sin dejar quien pudiese ya ofenderte.
Mas todo mi poder saldrá de quicio,
y júrote por este brazo fuerte   390
que no viva cristiano ya en el suelo
aunque su Dios lo esconda allá en el cielo.
Todos los infernales escuadrones
he de tener alertos y empleados
en buscar instrumentos y invenciones,
para que sean más atormentados.
Los niños, las mujeres, los varones,
viejos y mozos han de ser buscados,
los huesos, las cenizas y la escoria
hundida sin que quede ni memoria.   400

Gentilidad

Confío que por ti seré vengada
de gente a mis costumbres tan adversa,
y mi bandera firme y levantada

25

contra nación tan bárbara y perversa;
y por todos los hombres venerada
mi antigua religión y no diversa,
porque si no los muda pena fuerte
daráles cierto fin la dura muerte.
Pero mayor victoria me sería
si fuesen tan terribles los tormentos   410
que los mude el temor de su porfía
y vivos cumplan nuestros mandamientos;
que si pasan la muerte y agonía
sin los poder torcer de sus intentos,
no los tendrán los hombres por vencidos,
pues antes quedan muertos que rendidos.

Crueldad   Ningún linaje quedará de pena,
de afrenta ni deshonra que no prueben,
largo destierro, rígida cadena.
Cosas amadas que a los hombres mueven,   420
honra propuesta de trabajo ajena,
si quieren sujetarse como deben.
Todo se intentará, como propones,
para vencer tan duros corazones.
Y porque no estén firmes confiando
en brevedad del tránsito y heridas,
irélos poco a poco congojando
y en largo tiempo perderán las vidas.
A otros de aquel trance iré sacando
primero que sus almas sean salidas,   430
para que conociendo el mal de muerte
escojan en seguirte buena suerte.

Idolatría   Agrádanme tus trazas avisadas,
tu consejo, furor y fortaleza;
y para que tus leyes sean guardadas

sin exceder un punto con presteza,
conviene ser primero conquistadas
personas de poder y grande alteza,
y que las armas fuertes con que dañas
sienta el emperador en sus entrañas.   440

Crueldad   No se gasten en esto más razones,
                  pues en el mundo son tan conocidas
                  mis ínclitas hazañas y blasones,
                  que no conquisto yo casas caídas,
                  sino los poderosos corazones;
                  y primero mis llagas son sentidas
                  y más tarde se curan y fenecen
                  en los tiranos que en los que padecen.
                  Podréis iros seguras y a mi cargo
                  que antes que torne a entrar en mi morada,   450
                  yo deje tal estrago en mi descargo
                  y una tela de muertes tan tramada
                  que el siglo venidero en tiempo largo
                  la cuente como cosa señalada.

Idolatría   Con esa tu palabra alegres vamos,
                  y mira que en tu fuerza confiamos.

Gentilidad   Dichosa es la ocasión en que me veo,
                  de sangre y de dolor he de hartarme,
                  que éste es mi bien y todo mi deseo;
                  y si una vez yo puedo apoderarme   460
                  y el corazón del príncipe poseo,
                  no es poderoso nadie a despegarme
                  en tanto que los lobos carniceros
                  despedazan los tímidos corderos.

Crueldad   Que pues ya mi crudeza fue bastante

que las madres comiesen los hijuelos,
y el pueblo ciego, duro e ignorante,
matase por envidias y recelos
al mismo Dios, ¿qué caso habrá que espante
a quien trazó tan bravos desconsuelos?　　　　470
Bien fácil es matar embravecidos
los grandes a los pobres y abatidos.
Aquí quiero esperar en esta tienda
para que el corazón del pecho augusto
mi fuego vivacísimo le emprenda
y rompa con lo lícito y lo justo.
Solo hartarse de vengar pretenda,
y en esto se recree y tome gusto
para que lleve yo a los infernales
buenas nuevas del mal de los mortales.　　　　480

Escena III
Entran Diocleciano, Daciano, Cromacio, Crueldad.

Diocleciano　　　　Júpiter poderoso, a quien el mundo
reconoce y adora y se arrodilla,
en cuyo acatamiento hasta el profundo
tiembla de tu relámpago y se humilla;
gracias te doy pues sin tener segundo
me concediste el trono desta silla,
do las provincias todas con sus gentes
me dan tributo y sirven obedientes.
A fin me es concedido aquel estado,
a todos nuestros dioses semejante,　　　　490
pues debo ser temido y acatado
en todo el occidente y el levante.
Tres lustros y tres años se han pasado
que mi hado y fortuna está constante,
y no ha de ser el tiempo poderoso

a deshacer mi imperio y mi reposo.
En este tiempo siempre he procurado
tener muy gratos a los inmortales,
sus templos fuertes, ricos han estado
sacerdotes y vírgenes vestales;   500
en todo nuestro imperio se han honrado
sus ceremonias, ritos y señales,
sus juegos, sacrificios y sus fiestas
para tener propicias sus respuestas.
Pero para cumplir con lo debido
os he hecho llamar en mi presencia
para que me digáis si habéis sabido
algo que pertenezca a mi clemencia,
porque por ella sea proveído
con toda prontitud y diligencia   510
de las cosas tocantes al servicio
de los dioses o al cargo de mi oficio.

Daciano   Ínclito emperador y soberano
a quien la deidad es concedida,
extienda siempre el cielo larga mano
en tu prosperidad, imperio y vida,
que con señor tan sabio y tan humano
dorado siglo habrá y edad florida,
concédante los dioses que la rueda
de la fortuna tengas siempre queda.   520
Y porque favorables siempre sean
a tu felicidad como mereces,
y como tus vasallos te desean,
conviene que tus reinos endereces
a su servicio porque en esto vean
que sus inmensos dones agradeces,
porque tu cetro, imperio y alto estado
por ellos sea siempre conservado.

Los sacerdotes todos se han quejado
de una canalla necia, vil y loca,   530
que no sé qué Dios nuevo se ha inventado;
y aunque ella puede poco, por ser poca,
turba la religión en sumo grado
y es cosa que al imperio mucho toca;
porque los dioses nos estén propicios,
que todos les ofrezcan sacrificios.

Cromacio   Sabrás también, señor, que va cundiendo
por muchos de los pueblos de tu tierra,
y no solo en la paz enriqueciendo,
pero más en oficios de la guerra;   540
y si se disimula y va sufriendo
y tal superstición no se destierra,
no están seguros nuestros escuadrones
de algunos alborotos y traiciones.

Diocleciano   Por ser mi natural tan inclinado
a usar de mansedumbre y ser clemente,
désele prestamente mi mandado
a la congregación de aquesta gente:
pues tienen ese Dios, que sea adorado,
pero con nuestros dioses juntamente;   550
háganle, si quisieren, a él servicio,
y ofrezcan a los dioses sacrificio.

Daciano   Señor, en otro tiempo fue intentado
que el Dios que los cristianos adoraban
fuese en el Capitolio colocado,
y entre los dioses su lugar le daban.
Augusto lo propuso en el Senado
por milagros que dél se publicaban,
mas en el Capitolio no fue puesto,

ni los mismos cristianos quieren esto. 560
Mas dicen que su Dios es verdadero,
los nuestros falsos, sin poder alguno,
y a un hombre que fue muerto en un madero
preponen al gran Júpiter y a Juno.
Con un corazón impío, duro y fiero
maldicen nuestros dioses uno a uno,
de suerte que es gastar el tiempo en vano
pedir que sacrifique el que es cristiano.

Crueldad Tu cetro y tu valor (que es inefable)
venera y sirve todo el universo, 570
y tu gobierno justo y tan amable,
sin ir ninguno en contra ni diverso;
solamente este pueblo abominable
con duro pecho y corazón perverso
pretende de tus leyes ser exempto
y nunca obedecer tu mandamiento.

Diocleciano ¿Que es posible que tal desobediencia
a mis sagradas leyes se consiente?
¿Que ni sirva castigo ni clemencia
para tan dura y obstinada gente, 580
que contra mi valor y mi potencia
pelea resistiendo locamente?

Cromacio El infernal furor queda encendido
en el pecho cruel embravecido.

Diocleciano Rómpase toda ley de mansedumbre;
muera tal gente, muera luego luego;
que rabio de furor y pesadumbre
hasta verlos morir a sangre y fuego.
Pues llega su maldad hasta la cumbre,

31

no puedo tener punto de sosiego,   590
aunque es afrenta de mi gran pujanza
querer en gente vil tomar venganza.

Daciano   Sublime emperador, empresa grave
será domar aquesta nueva secta
de suerte que de todo punto acabe,
vencida su opinión y a nos sujeta.
Ni en otro alguno tal grandeza cabe
que el fin desta aventura nos prometa,
si no es tu gran saber y providencia
junta con el favor de tu potencia.   600
Ya sabes, gran señor, que los pasados
Augustos procuraron extirparlos,
mas antes fueron ellos acabados
que del todo pudiesen acabarlos,
con ser muchos tormentos inventados
para poder con el temor mudarlos,
pero los altos dioses a tu hado
esta corona hubieron reservado.
Y no pienses, señor, que es poca gloria
que lo que Nerón, Decio, Domiciano,   610
no pudieron hacer, cuente la historia
que fue acabado por tu fuerte mano,
y que quede perpetua la memoria
del sacro emperador Diocleciano,
y que por tal hazaña y maravilla
los dioses te concedan alta silla.

Diocleciano   La rabia que me abrasa y atormenta
no hay lengua que la explique ni declare.
No quiero imperio ni salud ni renta,
si esta maldita secta no acabare,   620
que es a mi cetro intolerable afrenta.

¡No viva yo si un año más durare!
Vencí los gallos, parthos, y germanos,
¿y no podré vencer a dos cristianos?
No se compare con mi fuerza y brío
Nerón ni Decio ni Domiciano,
pues tiene ya sujeto el brazo mío
lo que no tuvo Tito ni Trajano.
El orbe todo está en mi poderío;
todo lo humillo y rindo; todo es llano;   630
solo con cuatro arañas nunca puedo
rendirlos ni por ruego ni por miedo.
Mas esta nueva guerra que pretendo
no ha de ser hecha contra los humanos;
al mismo Dios vencer con ella entiendo
en quien tanto confían los cristianos;
hazaña valerosa es la que emprendo,
digna de emperador de los romanos;
quiero yo que a su Dios no glorifiquen,
sino que a nuestros dioses sacrifiquen.   640
No quiero ya vencerlos y que mueran,
no me contento ya que se consuman,
que para yo triunfar muy pocos fueran,
si fueran muchos más de lo que suman.
Mando que con tormentos los requieran
que en su Dios no confíen ni presuman,
que el poder de su Dios es poca cosa
delante de mi saña poderosa.
El austro, el norte, oriente y occidente
prenda, atormente, afrente, hiera y mate   650
a tan maldita y perniciosa gente;
entienda el mundo todo en el combate.
Decidme, presidentes, prestamente
cómo los aniquile y desbarate;
y quien quisiere hacerme algún servicio,

el perseguirlos tome por oficio.
Éstos serán mis juegos y mis fiestas,
mis pasatiempos todos y placeres,
mis baños, mis jardines y florestas,
atormentar varones y mujeres;   660
hacerles abajar las altas crestas,
que teman mis mandatos y poderes.
Presto sin dilación me digan todos
industrias de tormentos y varios modos.

Cromacio

Cosa de tanto ser y tanto peso
en qué tu honor imperial se trata
requiere madureza y mucho seso,
que así tratado, tarde se desata;
y yo con decir esto, señor, ceso,
aunque la indignación también me mata;   670
pero mejor será que bien pensado
se ejecute el castigo deseado.

Diocleciano

Paréceme muy bien, mas sin tardanza
entrad a consultar lo que se ofrece,
para que pueda dar mayor venganza
a gente que tan grave la merece.

Daciano

Emperador, yo tengo confianza
que desta vez nuestro dolor fenece.

Diocleciano

Vamos, porque mañana en este punto
venga aquí mi consejo todo junto.   680

Romance
Declama el coro

El mundo muy sosegado
en quietud y paz estaba,

34

cuando súbito fue vista
una tempestad muy brava,
que asombraba.
Con infernal torbellino
todo el aire se espesaba,
y con intrincadas nubes
todo el cielo se cerraba,
que asombraba.   690
La represa de los vientos
con gran furia allí sonaba;
dentro las nubes oscuras
un gran dragón asomaba,
que asombraba.
Y con enroscada cola,
todo envuelto en fuego estaba,
con la voz horrible y fiera,
a la Crueldad llamaba,
que asombraba.   700
A dar guerra a los cristianos
a gran priesa la enviaba;
la Crueldad, no perezosa,
a cumplirlo apresuraba,
que asombraba.
En el crudo Diocleciano
su rabia y furor lanzaba,
y con un grande estallido
el corazón le abrasaba,
que asombraba.   710
Mas Dios, que todo lo vía,
desde lo alto enviaba
las invencibles Virtudes
a esforzar a los que amaba,
que asombraba.

Jornada segunda

Escena I
Entran Doroteo, Gorgonio, Pedro.

Doroteo	Eterno Dios, trino y uno,
	poderoso, manso y fuerte,
	dame tan dichosa suerte
	que en lugar ni tiempo alguno
	deje de reconocerte;
	Pues en tanta multitud
	del pueblo ciego, pagano,
	extendiste a mí tu mano
	dándome fuerza y virtud
	para que fuese cristiano.

10

¿Qué mayor merecimiento,
o qué partes viste en mí,
qué valor, o qué talento,
que dejando otros sin cuento
quisiste juntarme a ti?
Póneme en gran confusión
tan precioso beneficio,
con la grande obligación
y la débil afición
que tengo de tu servicio.

20

Que al César gentil mundano
sirvo con gran diligencia,
y a veces en tu presencia
está el pensamiento vano
sin temor ni reverencia.
Bien quisiera yo, Señor,
hallarme desocupado
de humano fausto y honor
para que con más fervor

de mí fueras venerado.   30
Mas para favorecer
a tus flacas ovejuelas
con el humano poder,
y en el bien darles espuelas,
habréme de entretener.
Una cosa sola aflige
el cristiano corazón,
temer la persecución,
pues el que el imperio rige
es de extraña religión.   40
¡Oh si tiempo nos viniese
que el emperador Augusto
nuestra santa fe creyese,
y todo el mundo sirviese
a ti solo Santo y justo!
Veo que la mayor parte
de los que fueron criados
para servirte y gozarte
andan ciegos y errados,
huyendo de venerarte.   50
Y la honra a ti debida
como a supremo Señor
tiene el humano error
al demonio convertida,
y esto causa mi dolor.
Pero un consuelo me has dado,
que en los palacios profanos
donde estoy autorizado
hay caballeros cristianos
con quien vivo acompañado.   60

Pedro   Triste caso es el que pasa,
               horrendo, terrible y feo.

Gorgonio	Tengo entrañable deseo,
	que mi corazón se abrasa
	de hablar a Doroteo.
Pedro	Busquémosle, que es razón
	que de todo sea avisado
	en coyuntura y sazón,
	de dónde pende el estado
	de nuestra fe y religión.

70

Doroteo	En solo oír, caballeros,
	la voz de mí deseada,
	salí luego para veros.
Pedro	Tus dos días de jornada
	nos han sido años enteros.
Gorgonio	No sufre más dilación
	un grave negocio urgente
	que anda en la corte al presente,
	que trata de la aflicción
	de nuestra cristiana gente.

80

El consejo congregado
por el César hoy ha sido
y está muy determinado
que sea desbaratado
nuestro bando y perseguido.
Hoy los tiene de llamar
para que públicamente
se divulgue a toda gente
que se quiere ejecutar
el decreto pestilente.

90

Doroteo	Soberano Dios, ¡cuán justo
	es tu juicio secreto,
	que persiguiendo al perfecto,
	el malo viva a su gusto,
	y el bueno le esté sujeto!
	Si tus promesas tan ciertas
	no confortan nuestro pecho,
	¡cuán cerradas y cuán muertas
	estarán, Señor, sus puertas
	para el eterno provecho! 100
	Que los bienes temporales
	atrapan nuestro sentido,
	y el temor de graves males
	tiene casi pervertido
	el seso de los mortales.
	Pero bien sé que nos amas
	y por vías muy diversas,
	aunque parecen adversas,
	a tus escogidos llamas,
	con quien tratas y conversas. 110

Doroteo

Soberano Dios, ¡cuán justo
es tu juicio secreto,
que persiguiendo al perfecto,
el malo viva a su gusto,
y el bueno le esté sujeto!
Si tus promesas tan ciertas
no confortan nuestro pecho,
¡cuán cerradas y cuán muertas
estarán, Señor, sus puertas
para el eterno provecho!   100
Que los bienes temporales
atrapan nuestro sentido,
y el temor de graves males
tiene casi pervertido
el seso de los mortales.
Pero bien sé que nos amas
y por vías muy diversas,
aunque parecen adversas,
a tus escogidos llamas,
con quien tratas y conversas.   110

Gorgonio

Estábamos alentados
porque, aunque el emperador
no nos daba algún favor,
vivíamos descuidados
de humano perseguidor.
Mas si nuestro Dios ordena
que seamos perseguidos,
sea muy en hora buena,
que seremos socorridos
en el tormento y cadena.   120

Pedro

Una duda es bien tratemos,
si la guerra cruda viene,

si es bien que disimulemos
o por ventura conviene
luego nos manifestemos.
Que aunque muy cierto estamos
que perdiendo nuestras vidas,
antes las perpetuamos
si a Dios las sacrificamos,
por quien fueron concedidas.   130
Pero viviendo podremos
dar ánimo en el tormento
al que en peligro veremos,
y con esto llevaremos
muchos al eterno asiento.

Gorgonio   Si ocasión se nos ofrece
para poder bien mostrarnos,
noble Pedro, a mí parece
que a tal punto no carece
de culpa el disimularnos.   140
Que aunque es verdad que servimos
a nuestro Dios con la vida,
mayor merced recibimos
imitando al que creímos
en la pasión y partida.

Doroteo   En esa misma sentencia
estoy yo determinado
que se declare mi estado
en la universal presencia
del príncipe y del Senado.   150
Que nuestra caballería,
nuestro valor y nobleza
no admite la cobardía,
el temor y la flaqueza

que en encubrirnos habría.
Y si a nuestro Dios pluguiere
darnos tan dichosa pena,
sea mucho en hora buena;
ordene como quisiere,
que ésa es la parte más buena.   160

Pedro   Gran dulzura me habéis dado
con vuestras fuertes razones,
que lo que fue preguntado
fue por quedar saneado
de tan nobles corazones.
Que si en mi querer se pone,
mucho tiempo ha que desea
mi corazón que le sea
dada (si Dios lo dispone)
muerte con que le posea.   170
Y para animar a todos,
grandes, pequeños, medianos
que mueran como cristianos,
no hay otros mejores modos
que morir entre tiranos.
Que la sangre derramada
con ánimo pío y recto
tendrá en esto más efecto
que la vida conservada
con el recato y secreto.   180

Doroteo   Entienda el emperador
y todo el pagano bando
que hay mucha gente de honor
que muere por su Señor
y esto vive deseando.
Y pues es consentimiento

común de todos honrar
a Cristo con publicar
su fe con divino aliento,
no hay aquí más que tratar.   190
Solo resta que en tal trance
a nuestro Dios invoquemos,
y a su madre supliquemos,
que firmeza nos alcance
para lo que pretendemos.

Gorgonio   Señor, que todo lo sabes,
infinito, inmenso y fuerte,
que en todo el mundo no cabes,
no impidan mis culpas graves
una tan dichosa suerte.   200
Que si servirte es reinar,
¿qué será por ensalzarte
y por tormento imitarte,
si no perdiendo ganar,
eternamente gozarte?

Pedro   No cabe en merecimiento
don tan raro y soberano,
no cabe en entendimiento
el sumo gozo que siento
en verme a morir cercano.   210
El Señor a quien adoro
ha de dar la fortaleza,
porque el tormento y crudeza
no me impida tal tesoro
ni haya punto de flaqueza.

Doroteo   Ven, muerte justa, ¿qué aguardas?
con esclarecido hecho

descanse el ardiente pecho.
Martirio, ¿por qué te tardas?
que la vida es sin provecho.   220
Temo, Señor, a mi culpa,
mas espero en tu clemencia
me dará tal resistencia
que la muerte sea disculpa
y corona de paciencia.
Imprime en mi corazón
tu inefable sufrimiento
en él afrenta y tormento
de tu sagrada pasión,
que éste es mi dulce sustento.   230
No turbe lo temporal,
pues se pasa tan de vuelo
el corazón terrenal;
venza, venza el celestial,
puro y eterno consuelo.

Pedro   Oh Doroteo y Gorgonio,
               despidámonos aquí
               porque siento dentro en mí
               que he de dar hoy testimonio
               del Señor a quien creí.   240
               Dad los abrazos postreros
               al que en vida acompañastes,
               adiós, adiós, caballeros,
               por ventura compañeros
               en los últimos contrastes.

Doroteo   Las lágrimas nos impiden
               las palabras amorosas
               que con gran razón se piden
               a personas piadosas

	que en tal tiempo se despiden;	250
	mas espero que seremos	
	juntos también en la pena.	
	A los cristianos hablemos	
	primero y los confortemos	
	para una suerte tan buena.	

Gorgonio   Vamos pues, no quede falto
alguno con el asalto
del pregón impío y edictos.
No turbe a los pequeñitos
con su recio sobresalto.   260

Escena II

Entran Diocleciano, Daciano, Cromacio, Secretario, Pregonero.

Diocleciano   Presidentes de quien yo tanto fío,
todo el gobierno de mi sacro estado,
pues sea sabido y al intento mío,
según que tengo ya comunicado,
que con todo calor, aliento y brío
sea el cristiano pueblo sujetado.
Decidme en esto ques vuestra sentencia
como lo espero yo de tal prudencia.
Y no os detenga piedad alguna,
que es justo que al furor se dé la rienda   270
con secta tan ingrata y importuna
que con el sufrimiento no se enmienda.
No haya cosa debajo de la Luna
que en este mi castigo no se encienda,
pues el infierno y dioses celestiales
tomaran tanto gusto de sus males.
Y a esto enderezad vuestros intentos,
vuestras industrias, artes y invenciones,

que sean de tal suerte los tormentos
que ablanden los perversos corazones.   280
Los dioses satisfechos y contentos
queden, y su Dios pierda los blasones;
que si este fin primero no se alcanza,
en vosotros haré cruel venganza.

Daciano   Yo quiero, emperador, que en mí se haga
si con lo que tenemos consultado
no sale efecto que te satisfaga;
y si saliere haberte a ti agradado,
tendré por digna y suficiente paga
y haber mi corazón también vengado.   290

Diocleciano   Decid, que ya no sufre más tardanza
el corazón sediento de venganza.

Cromacio   Aunque más se pretenda que vencidos
queden que con tormentos asolados,
primero es menester que sean heridos
y con crueles modos destrozados;
que aunque algunos con esto sean perdidos,
quedando los demás amedrentados
por no sufrir tormentos tan horribles,
a su Dios se harán aborrecibles.   300
Tres cosas hemos visto que a esta gente
sustenta en su dureza y entretiene:
vivir ahora honrada y libremente,
y templos do a cantar sus himnos viene,
libros en que se enseña a ser prudente
en las disputas que con otros tiene.
Y si estas tres primero no quitamos,
sin fruto alguno los atormentamos.
Mande, tu majestad, que los cristianos

no tengan noble oficio en paz ni guerra;   310
destrúyanse sus templos tan profanos;
abrásense y no queden en la tierra;
y los libros de encantamientos vanos
en que todo su bien y ley se encierra
se quemen en la pública hoguera
para que todo juntamente muera.
Que si nuestros pasados no pudieron
dar fin a sus porfías y maldades,
fue porque nunca en esto se pusieron,
mas solo en corporales crueldades.   320
Y como raíz no destruyeron,
brotó y permaneció en muchas edades.
Ahora se verá si todo junto
no hace que perezcan en un punto.
Luego infinitos géneros de penas,
azotes con plomadas, y heridas,
prisión oscura, rígidas cadenas,
pez y resina ardiente derretidas,
las carnes y los huesos y las venas
con rastrillos y peines sean rompidas,   330
con cañas serán hechas mil roturas,
y todas cortarán las coyunturas.
Equíleo fuego vivo, aguas heladas,
osos, leones, tigres, onzas fieras
esto se habrá de usar, que no de espadas.
Y para que esto sientan más de veras,
sus carnes con vinagre y sal lavadas
serán, sin mover quejas lastimeras
del niño tierno que ve muerto al padre,
ni que la hija llore por su madre.   340

Diocleciano   Con entrañable gusto aquí me baño
               en sangre y en castigo tan debido,

47

y en solo oír tan gran furor y daño
se goza el corazón embravecido;
nunca pensé hallar saber tamaño
como el que habéis mostrado tan subido;
en sumo grado a mi grandeza place
vuestro consejo y mucho satisface.
Resuenen por el mundo los pregones;
fíjense edictos; hágase decreto;   350
mueran los niños, viejos y varones;
no se tenga clemencia ni respeto;
prométanse riquezas a montones
al que los dioses quiere ser sujeto;
hágase en los rebeldes el castigo.
Quien fuere más cruel será mi amigo.

Daciano   Una sola merced, señor, te pido,
si he hecho a tu grandeza algún servicio,
y es por tu mano ser constituido
en este cargo y agradable oficio;   360
por mí será este pueblo perseguido.
Este quiero que sea mi ejercicio;
de vencerlos prometo en poca pieza,
o mándame cortar esta cabeza.
Yo iré a las partes todas de occidente,
visitaré la Galia y las Españas,
adonde habita mucha desta gente,
y en ella mostraré mi industria y mañas.
Yo los aterraré tan fuertemente
con estragos y penas tan extrañas   370
que haga que del todo desfallezca
y tu nombre sagrado se engrandezca.

Cromacio   Pues yo, señor, que no soy menos tuyo,
al mismo cargo mi valor ofrezco,

y no solo no impido ni rehuyo,
mas digo que tal cosa no merezco;
y si no los reduzco o los destruyo,
o en la demanda misma yo perezco,
quiero que los verdugos me atormenten
y entre tus servidores no me cuenten.   380
Andaré por las partes orientales
como rayo en furor y saña viva,
haciendo a los cristianos tantos males
que no haya quien lo cuente ni describa;
ni vivo quedará de los mortales
quien la ley de tus dioses no reciba;
mándame, emperador, que parta presto,
que en ello mi saber pondrá su resto.

Diocleciano   En esto veo que se determinan
los celestiales todos destruirlos,   390
y sus postreros hados se avecinan,
pues queréis ir los dos a perseguirlos.
Con esto los cristianos se arruinan,
pues tales fuerzas quieren combatirlos.
Dejad todo el cuidado y cargo aparte.
Y en este emplearéis la fuerza y arte.
Todo mi imperial poder cometo
a los dos que aquí estáis y a cada uno;
y si mi intento viene a buen efecto,
que no quede cristiano a vida alguno,   400
por este cetro y silla yo os prometo,
que no quede de premio el hecho ayuno,
sino que ambos seréis aventajados
a todos los que rigen mis estados.
Con esto yo levanto ya la mano
y mando que hagáis a vuestro gusto
edictos contra el pueblo vil cristiano

que lo que os pareciere será justo.
Y porque vuestra firma no sea en vano,
selladla con el sello del Augusto,   410
y el que por todo no os obedeciere,
no viva yo si al punto no muriere.

Daciano   Hoy ha sido dichosa nuestra suerte,
pues a tal ocasión nos ha traído
donde nuestro consejo sabio y fuerte
ha sido con tal cargo agradecido;
con dar a los cristianos pena y muerte
nuestro nombre ha de ser esclarecido;
y fuera de ser bien remunerados,
será bastante premio ser vengados.   420

Cromacio   Escríbase el edicto, Secretario,
con el rigor que aquí se os ha propuesto,
con el castigo tal, violento y vario,
tormento muy cruel, dolor funesto
contra el pueblo que al cielo es contrario.
Llámense pregoneros, vengan presto,
y resuene la plaza en voz horrenda,
que tiemble de temor el que lo entienda.

Secretario   Al modo y de la suerte que lo mandas
está escrito a tu gusto riguroso,   430
pues sé muy bien y entiendo tras qué andas.
Venga ya el pregonero clamoroso,
después se fijará por todas bandas
para que sea a todos espantoso;
suenen trompetas; dígase el edicto
según por el tenor que viene escrito.

Pregonero   Al sacro emperador Diocleciano,

augusto, invicto, pártico, potente,
manda que se denuncie a toda gente
que nadie sea osado a ser cristiano,   440
so pena de morir penosamente,
como merece su furor insano;
manda que en todo el mundo, mar y tierra,
a fuego y sangre se les haga guerra.
Sus bienes todos sean confiscados,
no puedan tener cargo o noble oficio;
sus templos todos sean asolados,
no hagan a su Dios algún servicio;
los libros de su secta sean quemados
o a los dioses ofrezcan sacrificio;   450
y por traidor aquél será tenido
que en algo favorezca su partido.

Escena III

Entran la Iglesia, Fe, Esperanza, Caridad.

Iglesia   ¡Oh nueva rigurosa,
                     tanto por mí temida,
                     y a tal sazón y tiempo publicada!
                     ¡Oh suerte peligrosa,
                     donde perder la vida
                     es pérdida menor y casi nada!
                     Lloro que mi manada
                     ha de ser esparcida   460
                     por lobos carniceros,
                     y por llanos y oteros
                     la veo derramada y perseguida.
                     Temo el supremo daño,
                     no se me vaya alguno del rebaño.
                     ¡Ay Dios, cuán poco dura
                     el gozo en esta tierra,

con gran razón de lágrimas llamada!
¡Cuán poco se asegura,
cuán presto se destierra 470
la cosa más alegre y más amada!
Estaba sosegada,
y al tiempo que crecía
el culto de mi esposo,
turbóse mi reposo
y vínome el dolor que yo temí.
¡Ay, hijos muy queridos,
lleguen al alto cielo mis gemidos!
Espíritu divino
que Dios me dio por prenda, 480
Consolador que velas y me riges,
dame favor contino
y a mis hijos enmienda,
pues que solo por esto los afliges.
Oh santo amor, que eliges
al pueblo justo y santo
y tanto lo enriqueces,
ruégote muchas veces
inclines las orejas a mi llanto,
que es de madre afligida 490
que dará por sus hijos alma y vida.
Si gravemente siento
las penas y dolores
de tus fieles, Señor, y sus querellas,
mucho mayor tormento
me causan los clamores
de niños tiernecitos y doncellas.
Muévante, mi Dios, ellas,
y si nuestros pecados
mueven tu justa ira, 500
con piedad nos mira

y de otra suerte sean castigados,
y no disminuyendo
el número que va a su Dios siguiendo.
¿Consentirás que sean
tus templos profanados,
quemada y destruida tu Escritura?
¿Permitirás que vean
mis ojos ocupados
tus templos con diabólica figura?   510
Virgen hermosa y pura,
volved a mí esos ojos
tan llenos de clemencia,
Revoque la sentencia,
mi amado Dios, y aplaque sus enojos
y si esto es de provecho,
yo lavaré con lágrimas mi lecho.

Fe   El grave desconsuelo,
señora y madre nuestra,
tiene tu corazón [tan] ocupado   520
que no queda al consuelo,
que el mismo Dios nos muestra,
lugar adonde sea aposentado.
Cese un poco el cuidado
del amoroso llanto
que te tiene suspensa,
contempla bien y piensa
lo que te encomendó tu esposo santo;
y si esto tú hicieres,
convertirás los llantos en placeres.   530
Díjote que serían
tus hijos perseguidos
y ante los tribunales presentados,
y entonces reinarían

cuando más abatidos
fuesen por su Señor y atormentados.
No fueran celebrados
los hechos de tu gente
y su amor invencible,
si la muerte terrible   540
no padecieran valerosamente.
¿Por qué lo que florece
en tu sacra corona te entristece?
Dime, ¿qué mayor gloria,
qué más feliz estado
puede venir a los que te obedecen
que imitar la memoria
del que crucificado
gustó la muerte, que por él padecen?
Si pena no merecen,   550
su suerte es venturosa,
y si fueron culpados
y lavan sus pecados,
dichosa penitencia y muy dichosa
con que el cielo más gustos
recibe del culpado que de justos.

Esperanza   El corazón caído
al cielo se levante;
mire la eternidad de gloria inmensa
que Dios ha prometido   560
al que fuere constante,
para cumplida paga y recompensa;
y si esto el alma piensa,
ella busca las penas
y al mundo desafía,
porque en su Dios confía
que libra de tormentos y cadenas,

y al hombre en dulce vuelo
coloca entre los príncipes del cielo.
Si la humana flaqueza 570
con fuerzas naturales
viviera de sufrir tal batería,
temblara su firmeza,
vencida de los males,
y la caída cierta se vería;
pero de Dios te fía,
que en el tiempo oportuno
ayuda a quien le llama,
y tanto al hombre ama
que no se verá allí faltar ninguno, 580
que el poder soberano
allí consolará y dará la mano.
Ni temas que por muertes
será disminuido
el número de fieles, pues es cierto
que si murieren fuertes,
que el grano ya caído
más multiplica cuando fuere muerto.
Pon en el sacro puerto
áncora de esperanza; 590
allí fija tus ojos
y cogerás despojos
de gloria, honra y bienaventuranza,
y las persecuciones
estimarás por agradables dones.

Caridad   Si el amor, con que amada
antes que el mundo fuese
fuiste de Dios, viniese a tu memoria,
y en él purificada
tu pecho se encendiese, 600

ajeno ya de toda humana escoria,
¡qué júbilos, qué gloria,
qué gozo tan extraño
te darían los tormentos!
¡Qué seguros contentos
en medio de las muertes y del daño!
Yo soy muy buen testigo
que en la pasión se prueba el fiel amigo.
El oro y plata fina,
se prueba con el fuego,   610
y el amor en la fragua de paciencia.
¡Qué cosa más divina
que al mundo vano y ciego
venza el amor con fuerte resistencia,
y quede su apariencia
más pura y acendrada
que el Sol de mediodía!
¡Oh segura alegría
en la guerra alcanzada,
oh valerosa suerte,   620
donde es más fuerte amor que no la muerte!
Si amor a Dios vencido
de amor trujo a la tierra,
si amor le puso en cruz y sepultura,
¡oh cuán endurecido
es el que en esta guerra
no se adelanta mucho y se apresura!
Si por su criatura
quiso ser afligido
tu Dios, del pueblo ingrato,   630
parece desacato
huir que el hombre sea perseguido.
Vengan persecuciones,
que en ellas comunica Dios sus dones.

Iglesia	El ánimo y aliento	
	perdido y recobrado	
	con vuestra sabia fuerza de razones,	
	y es tanto mi contento	
	que no sería trocado	
	por paz el desconsuelo y turbaciones.	640
	Vengan persecuciones	
	si mi Dios lo ordenare,	
	pues la paz me es dañosa.	
	No hay cosa tan penosa	
	que ya no me dé gusto y me repare,	
	que Dios será bastante	
	que su veneración vaya adelante.	
	Consolador y amparo	
	de tristes y afligidos,	
	dulce Señor, mi bien y mi tesoro,	650
	vida del pueblo caro,	
	por vos serán vencidos	
	todos mis males y mi triste lloro.	
	Señor, a quien adoro,	
	el trance es lastimero	
	y mucha la flaqueza.	
	Dadnos vos fortaleza	
	contra el tirano riguroso y fiero,	
	que con vuestros favores	
	saldrán mis hijos todos vencedores.	660
	Esto, Señor, le pido	
	a tu real clemencia,	
	esto solo suplico me conceda:	
	no nos eche en olvido	
	tu eterna providencia,	
	porque vencer el mal del todo pueda.	
	Con esto vivo leda,	

pues quedo acompañada
con quien podrá valerme,
Señor, y defenderme   670
de la persecución hoy publicada;
de ti mi bien confío,
que de mis propias fuerzas no me fío.

Villancico
Canta el coro

Pregunta   ¿Por qué va llorando
                  la esposa de Dios?

Respuesta   Llora por hacer
                  que no lloréis vos.
                  Llora porque siente
                  que viene gran mal
                  en su amada gente   680
                  de furia infernal;
                  con ansia mortal
                  volviéndose a Dios
                  llora por hacer
                  que no lloréis vos.
                  Con amor de madre
                  teme no neguemos
                  a Dios nuestro padre
                  cuando en pena estemos.
                  Porque no lloremos,   690
                  llora ella por nos;
                  llora por hacer
                  que no lloréis vos.

Jornada tercera

Escena I

Entran dos alguaciles: Fregenal, Ribadeo; san Juan, mártir.

Fregenal	Muy buena ocasión tenemos
	para entremeter las manos,
	pues que tan cierto sabemos
	que en robar a los cristianos
	a los jueces aplacemos.
	Y teniendo por oficio
	prenderlos y hacerles daños
	si no ofrecen sacrificio,
	saldrá con tal beneficio
	nuestra bolsa de mal año.
	Mas cumple ser diligentes
	en que las cárceles llenas
	estén siempre destas gentes
	porque demos nuevas buenas
	al Augusto y presidentes.
Ribadeo	Yo pienso andar muy alerto
	en tal provechosa guerra,
	con tal presteza y concierto
	que no me quede encubierto
	hombre debajo de tierra.
	Y si algunos principales
	cayeren en nuestras redes,
	por los dioses inmortales
	que han de quedar estos tales
	sin estaca en las paredes.
Fregenal	Conviene mostrarnos fieros
	para que el oficio dure,

10

20

59

	y que en hacer desafueros
	cada cual por sí procure
	que no seamos postreros. 30

Ribadeo

Mi fe, señor Fregenal,
parece consejo sano
en feria tan principal
que juguemos de antemano
porque no libremos mal.

Fregenal

Entrémonos abarrisco
por las joyas y el dinero
y entreguémonos primero,
que lo que se lleva el fisco
sale muy por contadero.   40

Ribadeo

Por vida de Ribadeo,
que no espere yo su paga,
que es andar por gran rodeo,
sino que yo mismo haga
como el tiempo en que me veo.
Después mostrándome fiel
porque más me justifique,
pediré que se me aplique
lo que manda el arancel,
siquiera por alambique.   50

Fregenal

Sigamos mis finas trazas,
porque en tiempos semejantes
los cristianos más pujantes
suelen salir a las plazas
para mostrarse constantes.

Ribadeo

Estemos aquí escondidos

en parte que descubramos
toda la plaza y podamos,
cuando fueren conocidos,
hacer lo que deseamos.   60

Juan   Artífice divino, que gobiernas
con tus leyes eternas tierra y cielo,
infunde santo celo en mis entrañas
para que las marañas y traiciones
destos fieros leones, que bramando
andan y destrozando tus manadas,
por mí sobrepujadas y vencidas
sean, aunque mil vidas juntas diese.
Si con ellas pudiese yo agradarte
y como debo honrarte, dame fuerzas   70
tú que alientas y esfuerzas nuestros pasos
en los terribles casos que se ofrecen.
¡Ay Dios, cómo perecen tus ovejas
si tú, Señor, las dejas de tu mano!
Anda el pueblo pagano muy contento
gustando del tormento y aflicciones.
Levantan sus pendones contra el cielo,
pretenden que en el suelo no te adoren
algunos ni en él moren tus cristianos,
y con clamores vanos espantarnos   80
pretenden y mudarnos del oficio
debido a tu servicio. Mas primero
el celestial lucero se oscurezca,
tierra y cielo fenezca, que ellos vean
cumplir, como desean, sus intentos.
Cárcel, muertes, tormentos, tierra, fuego,
quitad la vida luego, no haya daño
tan terrible y extraño que no pase.
Mi corazón se abrase antes que deje

a mi Dios o me aleje de su bando.   90
Oh Señor, ¿hasta cuándo se dilata
esta vida que mata a quien ha visto
el honor de su Cristo ser opreso?
No basta humano seso al sentimiento
de tal abatimiento que publique
que no te sacrifique tu criatura;
pena es ésta más dura que la muerte.
¡Oh cuán dichosa suerte si acabase
mi vida y me emplease confesando
tu ley y publicando que tú eres   100
quien manda los poderes del infierno!
Enciende, Dios eterno, en este pecho
tu fuego para el hecho que pretendo.
¿Cómo que esté yo viendo los malditos
e infernales edictos en deshonra
de Dios vivo y en honra del demonio?
Quiero dar testimonio a tierra y cielo
que con divino celo y soberano
vengaré por mi mano tal afrenta.
Ley terrible y cruenta, yo desprecio   110
tus penas y me precio de cristiano.
Rompe cristiana mano diligente
la ley tan pestilente; sepa el mundo,
tierra, mar y profundo que deseo
morir por Dios y creo su ley santa;
que la muerte no espanta a quien espera
la vida perdurable y verdadera.

Fregenal   Traidor, perro, loco, insano,
a tal maldad atrevido
que has rompido por tu mano   120
el decreto soberano
por César establecido,

dinos, ¿qué fue tu locura?
¿Pensaste poder librarte
de la muerte y desventura?
Oh malvada criatura,
¡quién pudiera aquí acabarte!

Ribadeo   Juan, siendo tú tal caballero
del César favorecido,
¿quisiste ser el primero   130
en sufrir su rigor fiero
por ser tan descomedido?
Oh más que tigre cruel
pues con ti mismo lo fuiste,
impío, endurecido, infiel,
ven y pagarás aquel
tormento que mereciste.

Juan   Haced, haced vuestro oficio,
que siendo más maltratado,
recibo más beneficio,   140
pues es por honra y servicio
del Señor que me ha criado.

Fregenal   Atadle aquí reciamente
estas alevosas manos.
Venga luego en continente
el oprobio de la gente
a la cárcel de cristianos.

Juan   Gracias te doy, Dios inmenso,
porque por ti soy atado
para ser encarcelado,   150
y muy presto según pienso
he de ser sacrificado.

Ribadeo	Camina, que estás pasmado,
	encantado, endurecido.
	¿Aún no estás arrepentido?
	Presto probarás el hado
	a que tu mal te ha traído.
	Abrid esas puertas luego,
	aparejad la cadena,
	desa intolerable pena 160
	no tenga un punto sosiego
	el que del bien se, enajena.
	Guardadle a recaudo allí
	entre los fascinerosos
	en lugares tenebrosos,
	y no me entre nadie ahí,
	que todos son sospechosos.
Fregenal	Vamos al emperador
	y desto cuenta le demos;
	que por ser este traidor 170
	principal y de valor
	ante él lo atormentaremos.

Escena II

Entran el emperador, Pedro, Doroteo, Gorgonio, alguaciles, Juan con los verdugos, Perico, Nuncio.

Diocleciano	Oh dioses, ¡que haya en esto sufrimiento,
	dentro en mi corte, siendo yo presente,
	se rompe mi decreto y mandamiento!
	¿Tan atrevida y temerariamente.
	con tal desprecio y tal abatimiento,
	se trata mi potencia preminente?
	¿Qué muerte, qué tormento, qué justicia

64

basta a tan gran exceso de malicia?   180
Sea luego traído a mi presencia,
que yo mismo quisiera atormentarle
(si no fuera bajeza a mi excelencia)
y en piezas muy menudas destrozarle;
mas quiero usar primero de clemencia
por ver si con razón podré mudarle;
que en esto de su Dios mejor me vengo,
con quien más ira que con nadie tengo.

(Traen a Juan.)   He hecho, Juan, que aquí fuese venido,
no caballero ya ni cortesano,   190
sino villano vil y fementido,
para poner dos cosas en tu mano:
dejar el Dios tan vano que has creído
y ser honrado, que es consejo sano,
o ser con pena grave y afrentosa
traído a muerte horrenda y vergonzosa.

Juan   Emperador, si el Dios que es verdadero
no adoro, ¿qué aprovechan tus favores?
Ahora seré fiel y caballero
sufriendo tus tormentos y dolores;   200
mi vida y alma dejaré primero
que dejar al Señor de los señores,
porque de ti muy poco caso hago,
ni de tus amenazas y halago.

Diocleciano   Quitadle luego luego; muera, muera
el impío, duro, infiel, traidor, ingrato.
Cruel azote sus espaldas hiera;
atado y despojado lleve trato.
Yo le haré (que quiera, que no quiera
su Dios) que llore el mal y desacato.   210

Juan	No me podrás hacer que algún momento deje de estar alegre en el tormento.
[Verdugo]	Deja, deja el cristiano maleficio, si no con estas varas y plomadas haré que ofrezcas luego sacrificio, o tus carnes serán despedazadas.
Juan	Hermano, pues te mandan, haz tu oficio; que más me huelgo, siendo más llagadas.
Perico	Déjame embravecer, que en poco trecho haré que mudes el osado pecho.
Diocleciano	Ríndete presto, ablanda tu porfía, no quieras perecer tan ciegamente. No pienses que es virtud ni valentía perder la dulce vida y bien presente. juro por la corona y diestra mía hacerte poderoso y eminente.
Juan	¿Podrásme tú dar más de lo que tienes? Mejor es heredar eternos bienes.
Diocleciano	Cobardes y serviles hombrecillos, ¿tan poca fuerza tienen vuestros brazos? Traed ardientes peines y rastrillos con que hagáis su cuerpo mil pedazos. Si no, juro a los dioses que sentirlos tenéis. Atormentad sin embarazos, y las llagas recientes, coloradas, sean con sal cubiertas y lavadas.
Juan	Señor, que por mis culpas derramaste

220

230

	tu sangre con dolor en el madero, dame que pase alegre este contraste, que por ti solo vivo y por ti muero.	240
Diocleciano	¿Es cosa sufridera que no baste moverte tal tormento duro y fuerte?	
Juan	Por tormentos y muertes no se muda quien tiene a Dios eterno por ayuda.	
Diocleciano	Llevadle prestamente a la hoguera; poned parrillas en que sea asado de suerte que en gran rato no se muera; revolvedle del uno y otro lado, y venid a decirme, cuando quiera moverse, de lo que ha determinado.	250
Juan	No canses más, que en darme más tormentos aumentas mi corona y mis contentos.	
Pedro	Emperador, no basta sufrimiento a tanta impiedad y tal crudeza, viéndote carnicero y tan sangriento contra el que tiene tu naturaleza. Mira que eres mortal y en un momento se acabará tu pompa y fortaleza, y no te librarán tus dioses vanos de la sentencia dada a los tiranos.	260
Diocleciano	¿Quién pudiera creer injurias tales, que el que en mi casa ha sido sublimado, blasfeme de los dioses inmortales; y sin razón, con ánimo obstinado, solo por el antojo de mortales,	

adore a aquel que fue crucificado?
Dime, tan ciega secta y tal porfía,
¿por qué concierto o qué razón se guía?

Pedro   No pienses que sin mucho miramiento,
dejada la opinión de mis mayores,   270
di a la cristiana fe consentimiento,
creyendo en un Señor de los señores
que hizo tierra, mar y firmamento
y promete a sus fieles servidores,
acabada esta vida y su mudanza,
segura y firme bienaventuranza.
Ni pienses que esta ley es cosa nueva,
que desde que en la tierra gente vive,
hay pueblo que la cree y que la aprueba
y en vuestra misma historia así se escribe.   280
Que muchos dioses la razón reprueba
y a uno solo omnipotente Dios recibe,
y solos hombres ciegos, torpes, vanos,
adoraron las obras de sus manos.
Que por graves tinieblas del pecado
el humano saber oscurecido,
hizo ser de los hombres olvidado
aquel primer señor esclarecido,
y habiendo alguna imagen fabricado
del hijo ausente o de otro muy querido,   290
la gente ciega sin ningún concierto
adoran por su dios al palo muerto.
De aquí se fue después multiplicando
el número de dioses muertos, vanos,
aunque vuestros poetas van cantando
que fueron hombres torpes y profanos.
Y a esto los demonios ayudando,
espíritus inmundos e inhumanos

os tienen ciegos, sordos y encantados,
mandando mil torpezas y pecados.   300
Y cuales todos vuestros dioses sean,
decláranlo las fiestas y ejercicios
con que se sirven mucho y se recrean,
llenas de crueldad y torpes vicios,
en que a los pueblos míseros emplean,
quitando al sumo Dios sus sacrificios.
¿Por qué adoráis los dioses que apetecen
las obras que hombres sabios aborrecen?
La ley que nuestro sumo Dios enseña
es vivir castamente con pureza,   310
no hacer cosa grande ni pequeña
que sea de codicia o de vileza.
Echa de su bandera y su reseña
usar de crueldad y de dureza,
admite finalmente el bien, y huye
toda maldad que la razón destruye.
Manda a todos amar los enemigos
usando de nobleza y mansedumbre.
Todos quiere que vivan como amigos
sin odio ni rencor ni pesadumbre;   320
si no, vosotros mismos sed testigos
si en todas nuestras leyes y costumbre
hay cosa que os parezca que no es buena,
y entonces sufriré cualquiera pena.

Diocleciano   ¿Qué dices, loco, insano?, ¿qué pregonas
con osadía falta de razones?
Que con tu desvergüenza no perdonas
a dioses, mas en ellos lengua pones.
¿Adoras hombres muertos y blasonas
de un solo Dios que mientes y compones?   330
¿Dime si puede ser cosa divina

aquel crucificado en Palestina?

Pedro
Antes que Palestina ni hombre hubiese,
creo en un solo Dios omnipotente
a quien sola bondad, y no interese,
movió hacer el mundo sabiamente,
y a que al racional hombre en él pusiese
y diese leyes justas a la gente
para galardonar sus escogidos
y dar eterna muerte a los perdidos.   340
Mas viendo que los hombres no querían
(aunque podían muy bien reconocerle)
y que no le adoraban ni servían,
antes trataban siempre de ofenderle;
viendo que eternamente perecían,
para que fuesen a gozarle y verle
quiso el supremo Dios y bien divino
venir para enseñarles el camino.
Y porque no hay mejor arte y manera
entre los hombres que palabra y obra   350
para enseñar la celestial carrera
por do la vida eterna se recobra,
y porque la maldad pagada fuera
con infinita paga y bien que sobra,
por restaurar el verbo a su hechura,
quiso tomar humana vestidura.
Con tal amor y tal sabiduría,
que junto con ejemplo me enseñase
sufrir las penas por la culpa mía,
y por quien no podía, Dios pagase.   360
Él fue mi capitán y fuerte guía,
sin que la deidad se sujetase
a la pasión y muerte, y no te asombre
que para tanto bien se hiciese hombre.

No mires solamente la flaqueza
de padecer y ser crucificado,
mas mira la virtud y suma alteza
de ser después también resucitado.
Mira de sus milagros la grandeza,
los cojos, los tullidos que ha sanado,   370
los ciegos que la vista recibieron,
los muertos que por Él vida tuvieron.
Y no por ambición o por codicia,
que de riqueza y honra no curaba,
solo por la verdad y la justicia
de la divinidad que nos mostraba.
Su fin era curar nuestra malicia
y ceguedad que a Dios nos ocultaba
dando ejemplo con obras virtuosas
y certidumbre con maravillosas.   380
Y después que subió en el alto cielo,
mostrando a sus cristianos el camino,
en sus siervos dejó por más consuelo
para certificar el bien divino
que en nombre del Señor y por su celo
hiciesen maravillas, y contino
las han hecho como Él, y lo que asombra,
no solo sus personas, mas su sombra.
Y esto no en los rincones escondido,
mas público a la gente y manifiesto,   390
tanto que por Pilato fue sabido
y a Augusto Octaviano fue propuesto.
Por estas y otras cosas se ha creído
en gran parte del mundo, y será puesto
por todo lo restante publicado
el nombre del Señor Crucificado.
No por armas ni guerra ni temores,
pero con mansedumbre, la pobreza

de unos rudos, incultos pescadores
ha confundido a toda humana alteza: 400
con doctrina y milagros en loores
de Cristo y publicando su grandeza,
no convidando a vida deleitosa,
pero santa y honesta y provechosa.

Diocleciano   Pues al crucificado tanto alabas,
en dura cruz serás también tú muerto.
¿Que con palabras escapar pensabas?
En esto se verá tu desconcierto.
Antes, con el dolor y angustias bravas
tu cuerpo todo lo verás cubierto; 410
verás si del poder de los sayones
te libra tu señor con tus razones.

Doroteo: Emperador, no entiendas que es él solo
el que sigue la secta perseguida;
servídote hemos sin traición ni dolo,
mas con Pedro daremos alma y vida.

Gorgonio   Publíquese del uno al otro polo
verdad de ley con sangre defendida,
y a tal varón constante, sabio y fuerte
acompañemos en la vida y muerte. 420

Diocleciano   ¡Oh grave mal! Si al punto no se ataja,
cada día será multiplicado.
Creí que sola la canalla baja
seguía aquel que fue crucificado,
y veo que el error también se encaja
en el entendimiento de alto estado.
Doroteo y Gorgonio, mis queridos,
¿por qué queréis morir tan abatidos?

Gorgonio	Emperador, en vano te detienes,
	que la suerte más alta y más dichosa	430
	para cobrar los soberanos bienes
	es la muerte más dura y afrentosa.
	Las piedras que por dioses tuyos tienes
	oírlas solo es cosa muy penosa.
	Ellos y tú arderéis en el infierno,
	pagando tal crudeza en llanto eterno,

Diocleciano	No vea yo delante mi presencia
	gente tan dura y de razón ajena,
	que no estima el amor ni la clemencia.
	Mueran los tres con miserable pena,	440
	cúmplase luego mi real sentencia,
	de toda afrenta y de tormento llena.
	Mando que luego sean arrastrados,
	y con horrible muerte castigados.

Doroteo	Cumplido es ya, varones, el deseo
	que por el mismo Dios nos fue infundido;
	en breve espacio sin ningún rodeo,
	acabado el tormento embravecido,
	veré a mi dulce Dios que adoro y creo
	y a su bendita madre, que ella ha sido	450
	intercesora desta compañía,
	tan junta en el tormento y alegría.

Diocleciano	No hay pena ni crudeza que se iguale
	al pertinaz furor de los cristianos,
	y pues del todo de medida sale,
	ansí saldrá el castigo de mis manos.
	Y pues para con ellos nada vale
	que los que los gobiernan sean humanos,

renuévese la fuerza y la porfía
en contrastar su loca valentía.   460

Entra el Nuncio.

Nuncio   Daciano, tu criado y presidente
                          que tus imperiales manos besa,
                          llegó bueno a las partes de occidente,
                          y como ardiente rayo corre apriesa
                          con tal estrago en la cristiana gente,
                          que si su secta falsa ya no cesa,
                          no puede tardar mucho que caída
                          no se vea del todo y destruida.
                          Hasta a los tiernos niños no perdona,
                          que todo lo destroza y despedaza.   470
                          Los cuerpos destrozados amontona
                          y los abrasa en la cristiana plaza.
                          No queda suerte alguna de persona,
                          ninguna le detiene ni embaraza.
                          Presto verás, señor, tu ilustre intento
                          cumplido con dulzura y con contento.
                          Quiero hacerte de una cosa cierto
                          que importa al fin que en esto se pretende,
                          y como varón sabio y muy experto
                          mucho mejor tu majestad la entiende: 480
                          que no se dé lugar que cuerpo muerto
                          que tenga sepulcro, esto tú defiende;
                          que por ver sus cenizas adoradas
                          darán las vidas sin temor de espadas.

Diocleciano   ¡Oh fiel vasallo, valeroso y fuerte,
                          cuya solicitud remunerada
                          será de mí con encumbrada suerte!
                          Y la del que la empresa deseada,

74

con más crueles géneros de muerte,
haga ser brevemente ejecutada.　　　　490
Mueran los obstinados uno a uno,
y dellos no me quede rastro alguno.
Cualquiera que les diere sepultura
será en las bestias fieras sepultado
con toda afrenta, pena y desventura.
No quede hueso ya sin ser quemado
o echado en la marina en gran hondura,
de donde no será jamás sacado.
Y si esto no bastare en mar y tierra,
protesto al alto cielo mover guerra.　　　500

Escena III
Entran Iglesia, Fe, Esperanza y Caridad.

Iglesia　　　　¿Quién me dará que fuentes de agua viva
se puedan convertir mis tristes ojos
y que con sangre mi dolor escriba?
¿Aún no son aplacados los enojos
de mi Dios y mi Rey con sangre tanta,
con tantas penas, muertes y despojos?
El impío pueblo infiel se alegra y canta
triunfando de tus templos y tu gente,
y con crudeza extraña nos espanta.
¡Ay Dios! ¿Qué lengua habrá que diga y cuente　510
la crueldad, las penas y el estrago,
cuanto menos llorarlas dignamente?
De llanto me sustento y satisfago,
ceniza es pan y lágrimas bebida,
ni de otra cosa alguna caso hago.
La gente más cruel, endurecida,
oyendo nuestra pena y destrucciones
a lástima y a lloro es conmovida.

¿Pues qué hará en los blandos corazones
ver a los mansos niños como ovejas   520
y encarnizarse en ellos los leones?
Al sumo cielo subirán mis quejas,
diciendo Dios eterno, ¿hasta cuándo
de tu querida esposa ansí te alejas?
Aquí prendiendo están, allí matando,
embriagado está el cuchillo fiero,
tus siervos esparcidos y temblando.
No fue tan duro nunca el crudo Nero,
ni tanto se holgó con nuestra muerte
como este cruel tirano carnicero.   530
No lloro la dichosa y rica suerte
de aquellos capitanes valerosos
que por las penas han subido a verte.
Lloro los desdichados temerosos
que con flaqueza grande y de vil pecho
siguieron a los ídolos dañosos.
Lloro los que perdieron el derecho
de ser contigo bienaventurados
con tan indigno y miserable hecho.
Lloro tus santos templos profanados,   540
hechos establo vil sin sacrificio,
muertos los sacerdotes y prelados.
Cesaron mis canciones y ejercicio
de venerar tu nombre en voz sonora;
el lamentar me queda por oficio.
Si alguno sacrifica, si te adora,
metido en criptas, cuevas y cavernas,
no tiene allí sosiego sola una hora.
Desto me nacen lágrimas eternas,
viendo tan afligidos y angustiados   550
aquellos que tú amas y gobiernas.
Desnudos y hambrientos, destrozados,

aquellos que este mundo no merece,
andan por riscos, breñas y collados.

Fe   Iglesia Santa, mira, que parece
            estar de mis consejos olvidada,
            pues tanto tu dolor y angustia crece.
            Entonces eres bienaventurada
            cuando por Dios los hombres te persiguen,
            y en esto has de vivir más consolada.   560
            Tus lloros es razón que se mitiguen
            aunque los flacos hayan adorado
            a los dioses, que si su secta siguen,
            en esto resplandece el fuerte estado
            de tus soldados fieles y es más gloria
            de los que firmes en la fe han quedado.

Iglesia   Tus razones alientan mi memoria,
            mas como madre tiernamente siento
            revolviendo en mi pecho tal historia.
            En esto estribo, en esto me sustento,   570
            que así lo ordena mi querido esposo;
            mas no quiere que deje el sentimiento.

Esperanza   Confórtese tu pecho valeroso
            con animosa y firme confianza,
            que presto cesará el rigor furioso.
            Tras la fortuna suele haber bonanza;
            después de tempestad y torbellino,
            sosiego, quietud y paz se alcanza.
            Muy presto se convierte el agua en vino,
            la tristeza en consuelo, el lloro en canto,   580
            con la palabra y el favor divino.

Iglesia   Tu divino favor me esfuerza tanto

que el tierno corazón entristecido
apenas renueva el lloro a mi sentido
el carecer de la presencia amada
de los hijos de Dios que me han nacido.
Y aunque su bien me tiene confortada,
cuando mi triste soledad contemplo,
quedo con el dolor atormentada.
Fáltame su calor, su vivo ejemplo;   590
falta su luz, su voz y su doctrina
y su fervor en el divino templo.

Caridad   Venza del todo la bondad divina
en quien tu pecho vive transformado,
que todo lo que sufres, determina.
Venza el dulzor y gusto que tu amado
con tal muestra de amor ha recibido
en los que por su amor la vida han dado.
Venza el sublime estado esclarecido
en que tus hijos tienes colocados,   600
asegurado ya el feliz partido.

Iglesia   Todos mis llantos fueran abrasados
con tal fuego de amor, si amor no fuera
el que renueva todos mis cuidados.
¿Qué madre hay tan cruel, tan dura y fiera,
que pueda consolarse y sin tristura
mirar que crudamente el hijo muera?
Amor me alienta, esfuerza y asegura,
que en lágrimas ardientes me deshaga,
pues no les doy la digna sepultura.   610
¿Qué quieres que la triste madre haga,
pues no puede enterrar los cuerpos santos
y siempre se renueva aquesta llaga?

Caridad	Ya que a todos no puedas (por ser tantos
	y por el impío edicto y cruda suerte)
	hacer exequias con solemnes cantos,
	celebra junta la dichosa muerte,
	guardando en sepultarlos el decoro,
	como se debe a todo el bando fuerte.
Iglesia	Vengan solemne pompa y triste coro 620
	para que a los queridos hijos míos
	se dé sepulcro con debido lloro.
Coro	Circumdederunt me dolores
	inferni, et gemitus mortis
	circumdederunt me.
Iglesia	Oh vosotros que pasáis,
	volvé el rostro a mi clamor,
	y ruegoos que me digáis
	qué dolor os acordáis
	es igual a mi dolor. 630
	Tan cruda pena en mí mora
	que casi de mí no sé.
	Quien os vido y os ve ahora,
	oh hijos, ¿cómo no llora
	de veros cual aquí os ve?
Coro	Circumdederunt me...
Iglesia	¿Por qué pecados o vicios
	os trataron desta suerte?
	¿Por no hacer sacrificios
	del demonio y maleficios, 640
	merecíades esta muerte?
	Vida de tan gran bondad,

cual la vuestra siempre fue,
no mereció tal crueldad,
como que por la verdad
el mundo tal pago dé.

Coro   Circumdederunt me...

Iglesia   Mi buen Dios, ¿por qué has querido
que el pueblo de quien no era
digno el mundo, que afligido,   650
angustiado y oprimido
sea de gente carnicera?
Cesen, Señor, tus enojos;
mira cuánto te costé.
Vuelve tus piadosos ojos
a ver los tristes despojos
hechos en los de tu fe.

Coro   Circumdederunt me...

Jornada cuarta

Escena I
Entran Diocleciano; Cromacio, presidente; Daciano, adelantado.

Diocleciano

Feliz y favorable me ha salido
la respuesta de Apolo, y los agüeros.
Dos águilas volaron a su nido
con semblantes alegres y ligeros,
y al punto adiviné que habían venido
mis jueces y leales consejeros.
Alegre día y bienaventurado
donde veré mi corazón vengado.
Decidme, adelantado y presidente,
por extenso los cuentos rigurosos   10
que habéis pasado con cristiana gente;
que, aunque no hemos estado en Roma ociosos,
espero en vuestra industria diligente
oír casos extraños y hazañosos.
Di primero, Cromacio, qué ha pasado
en Asia donde fuiste adelantado.

Cromacio

Invicto emperador, si en este día
hubiese de contar lo que se ha hecho,
ni el tiempo ni la lengua bastaría
a referirlo, ni el humano pecho;   20
pero cumpliendo con la deuda mía
para que en todo seas satisfecho,
hechos recontaré por breve suma
mayores que ha contado lengua o pluma.
Lo primero sus templos abrasaba;
luego en cárcel oscura los metía.
Los sacerdotes todos acababa,
que suelen ser en su error la guía.

Como corderos mansos los juntaba;
morían con su pastor que perecía;   30
y aconteció quemar ciudad entera
porque poblada de cristianos era.
Unos de fieras bestias destrozados;
otros los miembros todos divididos,
con caballos por peñas arrastrados,
sus sesos por la hierba desparcidos;
otros en ramos con violencia atados
o en horno en vivas llamas encendidos,
desnudos siempre con terrible afrenta,
sin respeto, sin número y sin cuenta.   40
Vieras los verdes prados que teñidos
de la cristiana sangre siempre estaban,
los castillos y almenas guarnecidos
de las muchas cabezas que colgaban.
Después sin sepultar eran traídos
y a vista de su gente los quemaban
con trompetas horrendas y clamores,
que el aire retemblaba de temores.

Daciano   Las cosas por Cromacio referidas
ejecuté yo en Galia y las Españas   50
con tormentos y penas nunca oídas,
gastando en el furor, esfuerzo y mañas,
destrozando las carnes con heridas
hasta verse por ellos las entrañas.
Y después a la cárcel los tornaba
y en tejas muy agudas los echaba.
De plomo, pez y de resina ardiente,
calderas en sus cuerpos infundía.
La boca era quebrada prestamente
a aquel que nuestros dioses maldecía.   60
También tuve cuidado diligente

con fuego y con las artes que podía,
que sus carnes no fuesen sepultadas
ni las impías cenizas veneradas.
Otra cosa intenté que es grande parte
para que de raíz el mal se acabe
y de venganza el corazón se harte;
hasta en la tierna edad que hablar no sabe,
tenga el castigo y el cuchillo parte,
y que todas edades menoscabe;   70
y así no quede en todo el occidente
semilla de perversa y dura gente.

Diocleciano   Alegremente vuestra nueva oída
ha sido, y si la vida me durare,
será remunerada y conocida
mientras el Sol la tierra calentare.
Mas fáltame una cosa ser sabida
para con que del todo me repare.
¿Cuántos de los cristianos se han vencido
y encienso a nuestros dioses ofrecido?   80
¿Si hay pueblo alguno que haya confesado
que nuestros dioses son los verdaderos,
y el suyo no? Que si esto habéis causado,
no me engañan a mí mis agoreros.
Y aunque de sus tormentos he gustado,
éstos serán mis gustos más enteros.
Esto solo es el fin que he pretendido,
y si ellos no lo quedan, soy vencido.

Daciano   Emperador, tomado he gran venganza
de los cristianos y esto fuera justo   90
que lo estimara yo por bienandanza
y me causara al alma mucho gusto;
pero no viendo en ellos la mudanza

que deseaba, todo me es disgusto,
ni quiero premio alguno de mi hecho
porque juzgo que ha sido sin provecho.
Algunos halagaba, a otros hería,
y después de heridos me amansaba.
Dones ricos y cargos ofrecía
y más en ellos su furor fundaba. 100
Hasta en camas de rosas los ponía
por ver si alguno dellos aplacaba.
Pero con increíble atrevimiento
pedían que les diese más tormento.
Procuré que no fuesen sepultados
y manjar de las aves los hacía;
pero del cuervo mismo eran guardados,
que nadie los tocaba ni podía.
Si con piedra en la mar eran lanzados
o en fuego los quemaba y deshacía, 110
a la piedra las aguas sustentaban
y las cenizas todas se juntaban.

Cromacio   Yo sin juicio y fuera de sentido
con sus encantamientos he quedado.
Creí que todo fuera consumido
con las crueles muertes o mudado,
y no solo no ha sido destruido,
mas parece quedar multiplicado.
Si una cabeza corto, no se espantan;
antes por una, siete se levantan. 120
Ellos mismos incitan a las fieras
y se entregan al fuego y a la espada.
Niños y niñas tiernas, las primeras,
no tienen el poder del mundo en nada.
Tienen un sufrimiento tan de veras
que en la mayor conquista y más airada

84

cantan himnos con gusto y con contento
de aquel su miserable encantamiento.
Confuso estoy y no sé qué me haga
o qué venganza tome por mi mano;   130
pues nada hice que te satisfaga,
matando y no venciendo algún cristiano.
Solo quiero y escojo aquí esta paga
que quede con afrenta como vano,
pues que con mis tormentos y crudeza
reciben en su ley mayor firmeza.

Diocleciano   ¡Oh dioses!, ¿y este pago me habéis dado
en trueque del servicio recebido,
que quede yo confuso y afrentado
sin cumplir el intento prometido?   140
Y habiendo por mi imperio publicado
querer quel pueblo infiel fuese rendido,
poniendo mi poder y echando el resto,
se queden los cristianos en su puesto.
Que no tenga yo fuerza que me baste
para vencer al Dios que me aborrece,
¡oh cielos!, dad con esta vida al traste,
que quien tan mal os sirve bien fenece.
Mas éste será el último contraste,
pues que fortuna no me favorece.   150
No quiero imperio, luego dejo el mando,
pues no puedo alcanzar tras lo que ando.

Daciano   Señor, no digas tal, que es dura suerte
dejar imperio tal desamparado.

Diocleciano cae desmayado.

Diocleciano   La vida y el imperio me es la muerte,

	pues en él viviré tan deshonrado
	que no haya yo podido a ti vencerte,
	enemigo cruel crucificado.

| Daciano | ¡Oh grave mal! ¡Oh extraño desconcierto! |
| | No se mueve, parece que está muerto. |

Diocleciano	Llevadme a mi palacio, que me siento
	en gran peligro de perder la vida.
	Que en las entrañas tengo gran tormento,
	y ya mi imperio todo se despida
	que no puede caber en mi contento,
	pues la cristiana secta no es vencida.

| Daciano | ¡Ay dioses inmortales, cuán burlados |
| | nos han dejado todos nuestros hados! |

Escena II
Entran Albinio, Olimpio, caballeros de Constantino, un paje.

Albinio	Señor Olimpio, ¿habéis considerado
	los modos tan extraños y divinos
	con que Cristo a su pueblo ha gobernado
	entre los casos prósperos y adversos?
	¿Habíes visto que ya se han aplacado
	los daños de los ánimos perversos,
	y quedan los cristianos valerosos
	con las persecuciones victoriosos?
	¿Quién pudiera creer que la braveza
	y fuego abrasador que se encendía
	había de obrar en ellos más firmeza,
	más fortaleza en Dios y valentía?
	Dichosos los que ya en la suma alteza
	por la muerte alcanzaron alegría.

160

170

180

¡Oh si de Dios me fuera concedido
que dellos este triste hubiera sido!

Olimpio   Mucho conforta el ánimo cristiano
           ver que cuando su ley es perseguida
           y prevalece el bando del tirano,
           cuando parece ya que va vencida,
           entonces la levanta con su mano
           el Señor que la rige y no se olvida,   190
           mas recoge y alienta sus hijuelos,
           dándoles más favores y consuelos.
           Bien pensaba el tirano embravecido
           desta vez acabar la ley divina,
           mas no podrá jamás ser impedido
           lo que la alteza suma determina.
           En su cabeza misma le ha caído
           la afrenta y confusión y la ruina,
           pues no viendo su intento satisfecho,
           luego dejó el imperio de despecho.   200

Albinio   No hay duda que el castigo tan debido
           a su persecución y su fiereza
           de allá del alto cielo le ha venido
           porque conozca el hombre su flaqueza,
           y nadie sea tan loco y atrevido,
           que quiera contra Dios mostrar grandeza,
           que la derribara el rigor y celo
           de aquel que juzga y rige tierra y cielo.

Olimpio   Pues tuvo contra Dios crueles sañas,
           con gran razón le fueron podrecidas   210
           de fea hidropesía las entrañas;
           y quien dijo blasfemias atrevidas,
           tan bravas, tan soberbias, tan extrañas

contra Dios y su ley descomedidas,
la lengua que fue dellas instrumento
se hiciese de gusanos aposento.
Así acabó su pompa y su porfía
sin le valer sus dioses ni sus hados
que por tan favorables él tenía,
ni médicos ni agüeros ni letrados.   220
Con tanta hediondez que corrompía
los vientos, sin poderle sus criados
servir o soportar un solo punto,
perdió el imperio, vida y alma junto.

Albinio   Digno castigo y merecido lleva
quien con fiereza tal en el estrago
y sangre humana su deseo ceba.
Y por historias cierto al mundo hago
que no es en Diocleciano cosa nueva,
pues han llevado semejante pago   230
aquellos que más fiera y crudamente
han perseguido la cristiana gente.
Nerón, ultra de ser aborrecido
del mundo y por el mundo publicado
enemigo común, murió escondido,
con su puñal y ajeno degollado.
Y Domiciano, loco y atrevido,
que quiso como Dios ser adorado,
por su mujer y siervo juntamente
trocó por mal eterno el bien presente.   240
Severo feneció con el veneno;
cautivo de Sapor, Valeriano;
Decio ahogado fue en el lago y cieno;
mató su secretario a Aureliano.
Y el fin que ya contamos menos bueno
tuvo como peor Diocleciano.

                    Este castigo dan y duras suertes
                    a los que así procuran nuestras muertes.

Olimpio   Otra mayor merced he yo notado
                    que es ordenada por saber divino,   250
                    que muerto Diocleciano, fue nombrado
                    Galerio emperador con Maximino;
                    y muriendo Galerio, ha resultado
                    en el imperio y mando Constantino,
                    que aunque no tiene fe y cristiana lumbre,
                    tiene de natural la mansedumbre.

Albinio   Suma felicidad es ser criados
                    de emperador tan justo, manso y pío,
                    cuyos principios son tan prosperados,
                    pues con tan soberana prez y brío   260
                    Magencio y Maximino sujetados,
                    en él se queda todo el señorío;
                    y con razón la gente toda espera
                    tener con su potencia paz entera.

Paje   Señor Albinio, cumple sin tardanza
                    (que Constantino quiere salir fuera)
                    se pongan los de guarda en ordenanza.

Albinio   Ya vamos, haz que saquen la bandera.

Olimpio   Puesto me tiene en grande confianza
                    ver que el gentil la cruz por armas quiera,   270
                    que entendiendo el misterio soberano
                    el justo emperador será cristiano.

Escena III

Entran el emperador Constantino con una cruz en la mano; Albinio, cristiano; Olimpio, cristiano.

Constantino   Decidme, caballeros,
los más sabios de todos los romanos
en hados y en agüeros,
¿quién hay en los humanos
que entienda la señal que está en mis manos?
Estoy con tal cuidado
de saber cuya es, que cierto fuese
en gran valor premiado   280
el que decir supiese
lo que deseo y della razón diese.

Albinio   Invicto Constantino,
en tu palacio tienes quien la entiende
sin que haya el desatino
de agüeros que la ofende,
que es señal que el gentil no comprende.

Olimpio   Tiene tanta sapiencia
que no consiste en hados ni en agüeros
(que es ésta aquella ciencia   290
que no es para rateros),
estulticia a gentiles y agoreros.

Constantino   Parece, según veo,
y de vuestras palabras conjeturo,
que entendéis el trofeo
de que saber yo curo,
para mis adivinos tan oscuro.

Albinio   Señor, no es maravilla

que la que es señal nuestra conozcamos,
ante la cual se humilla   300
la gente a quien llamamos
cristianos y ser dellos nos preciamos.

Olimpio   Que aunque contigo estamos,
                   de Cristo Dios y hombre es nuestra ley;
                   a Él solo adoramos
                   y somos de su grey
                   porque Él, y no otro, es Dios, sumo rey.

Constantino   ¿Vosotros sois de aquellos
                   que mis antecesores persiguieron?
                   Y queriendo vencerlos,   310
                   nunca jamás pudieron
                   aunque con crueldad los combatieron.

Albinio   Así lo confesamos,
                   y sacarnos de aquí será imposible,
                   que signados estamos
                   con el signo invencible
                   del que es sobre los reyes muy terrible.

Olimpio   Y esa señal que tienes,
                   tanto, señor, nos guarda y fortalece
                   que con males ni bienes   320
                   ninguno nos empece,
                   y el mundo della tiembla y se estremece.

Constantino   Así lo entiendo cierto,
                   que de su gran poder soy buen testigo
                   porque con ella he muerto
                   a mi crudo enemigo,
                   y mis soldados vieron lo que digo.

Albinio	Por cierto me ha admirado
	que, siendo tú gentil, así estimases
	nuestro trofeo sagrado 330
	y que dél te preciases
	tanto que por devisa lo tomases.
Constantino	A quien dio tal victoria,
	tan grande que no hay lengua que la intime,
	con eterna memoria
	es bien que se sublime
	y, como veis, es justo que se estime.
Olimpio	Es cosa tan extraña
	lo que dices, señor, que determino
	saber cuál fue la hazaña 340
	de este blasón divino,
	si a ti te place, oh magno Constantino.
Constantino	Desque dejó el imperio
	con gran furor y rabia Diocleciano,
	sucedió con Galerio
	mi padre, mas temprano
	la muerte le quitó el mando romano.
	Y así constituido
	fue luego en este trono soberano,
	y siendo combatido 350
	de Magencio tirano,
	me puso en gran temor su fiera mano.
	Y pensativo estando,
	hacia el cielo volví luego la cara,
	y vi estar relumbrando
	con luz dorada y clara
	esta señal como una grande vara.

92

Cercada la tenía
una gente lúcida y muy hermosa,
y oí que me decía: 360
esta señal gloriosa
te ha de dar hoy victoria muy honrosa.
Y yo, muy admirado,
la tomé por señal de mi estandarte,
y con ella amparado
me hallé de tal arte
que a vencer me atreviera al mismo Marte.
Hice tan grande estrago
en mi enemigo luego en comenzando,
que hice un grande lago   370
de sangre, destrozando
sin perder uno solo de mi bando.
Y casi en un instante
quedó Magencio muerto y destruido,
y yo quedé triunfante
y de todos temido
por haber al tirano así vencido.

Albinio   Señor, si tú supieses
la fuerza desta insignia y la alcanzases,
sin falta que tuvieses   380
lo hecho y reputases
por nada, y dello así no te admirases.

Olimpio   Quien tanta fuerza tiene
que matando a la muerte la ha deshecho,
mira si le conviene
por muy justo derecho
decir que esto es lo menos que ella ha hecho.

Constantino   Razón es ésta fuerte;

decláramela más, que no la entiendo.
¿Cómo murió la muerte?   390

Olimpio   Pues eso yo pretendo
               que entiendas bien, señor, que voy diciendo.
               El hombre fue criado
               para vivir con Dios eternalmente;
               después fue derribado
               deste estado excelente
               del adversario de la humana gente.
               Y quedó sepultado
               en muerte eterna y llanto sempiterno,
               y estaba condenado   400
               para aquel llanto eterno
               y miserable cárcel del infierno.
               Y el Señor soberano,
               hijo de Dios, en quien el bien se encierra,
               tomando el ser humano,
               se nos mostró en la tierra
               y nos libró muriendo en cruda guerra.
               Y esa señal que tienes
               es de la cruz en donde fue enclavado,
               y en los eternos bienes   410
               fue el hombre restaurado
               desta arte y de la muerte libertado.
               Muriendo el rey divino,
               faltó la muerte eterna y fue acabada.
               Mira pues, Constantino,
               si es cosa averiguada
               que en cruz mató a la muerte desdichada.

Constantino   Yo quedo satisfecho
               de tus razones, pues bien han probado
               lo que el Señor ha hecho,   420

94

mas póneme en cuidado
un caso que en lo dicho has apuntado.
Si era Dios, bien pudiera
remediar de otra suerte a su criatura
sin que al mundo viniera
a morir muerte dura
por solo remediar a su hechura.

Albinio   Es cosa tan perfecta
Dios que, aunque tiene gran misericordia,
su justicia es tan recta   430
que en esta gran discordia
este medio convino en la concordia.
Por ser el delincuente
el hombre, justo fue que él lo lastase,
y así el omnipotente,
porque el hombre pagase,
se hizo hombre porque se ejecutase.
En Él la gran sentencia
de muerte contra el hombre por Dios dada
y con tal conveniencia   440
su justicia pagada
quedó, y con su clemencia acompañada.
Pues como hombre muriendo
pagó del hombre el grave y gran delito,
juntamente Dios siendo;
con valor infinito
dio entero a la justicia el finiquito.
Por ser cosa finita
el hombre y por ser Dios sin fin, fue hecha
nuestra deuda infinita,   450
y de nuestra cosecha
no pudo ser tal deuda satisfecha.
De suerte que con nombre

y ser de hombre pagó nuestro tormento,
porque murió en cuanto hombre,
y, en cuanto Dios, sin cuento,
satisfizo con su merecimiento.

Constantino   ¿Por qué, si convenía
muriese, fue a morir desa manera?
Pues que ordenar podía   460
como Dios que otra fuera
su muerte y que en madero no muriera.

Olimpio   Es Dios tan sabio y diestro
que al modo que le ofende su enemigo,
como sabio maestro
así le da el castigo
con las armas que él mismo trae consigo.
Y así estando subido
nuestro enemigo falso en un manzano,
el hombre fue herido,   470
y el alto cirujano
subiendo en una cruz lo dejó sano.
Destarte el que vencía
en el madero en otro fue vencido,
con la sabiduría
y modo que has oído;
por esto desta muerte fue servido.
Tu majestad, pues mire
si es quien subió en la cruz Dios soberano,
¿quién habrá que se admire   480
venza el poder humano
el que venció al infierno con su mano?

Albinio   Después que fue ensalzado
nuestro Dios en la cruz (a quien se inclina

96

y humilla lo criado)
tiene fuerza divina
y vence sin cesar a la contina.
La cual muy bien parece
por los cristianos cuya insignia es ésta,
que así los fortalece   490
que, aunque con lanza enhiesta
el mundo los persigue, nada presta.
Pues los grandes señores,
y los reyes y príncipes humanos
y tus antecesores,
con carniceras manos
nunca vencer pudieron los cristianos.

Olimpio   Si no te satisfacen
                 estos hechos pasados y otros tales,
                 pregunta lo que hacen   500
                 hoy en tus tribunales;
                 oirás casos y hechos inmortales.

Constantino   ¿Y quién desa manera
                 los trata sin haberlo yo ordenado?
                 Pues que cristiano muera
                 ni aun sea mal tratado,
                 jamás por pensamiento me ha pasado.

Albinio   El fiero Diocleciano
                 mandó que a fuego y sangre destrozado
                 fuese el bando cristiano.   510
                 Y como no has mandado
                 lo contrario, hasta ahora se ha guardado.
                 Y cualquier presidente,
                 cuando quiere, con este achaque trata
                 tan mal a nuestra gente

que en ella desbarata,
azota, prende, suelta, hiere y mata.

Constantino   Juro por mi corona
que quien lo hiciere sea mi enemigo,
y en su cas y persona   520
yo pague tal castigo
que no halle en el mundo algún abrigo.
Yo, mandaré el momento
que a maltratarlos nadie sea osado,
ni a darles descontento
so pena de su estado
y aun de la vida luego sea privado.

Albinio   Oh magno Constantino,
tus sacros pies besamos en su nombre.
¡Plega al poder divino   530
se aumente tu renombre
de magno en tal sazón que al mundo asombre!

Olimpio   Por merced tan copiosa
a Dios suplicaremos quiera darte
la cruz, señal preciosa,
por propia y que deste arte
goces lo que ganó tal estandarte.

Constantino   Por propia la he tomado,
pues del cielo a mí vino como oíste.

Albinio   Eso fue de prestado,   540
mientras que acometiste
a Magencio y con ella lo venciste.
Esta señale propia
del que confiesa a Cristo soberano,

y del que no es impropia:
y así la traes en vano
hasta que quiera Dios que seas cristiano.

Olimpio

Para que a ti te cuadre,
conviene seas de Cristo reengendrado,
y así siendo tu padre,   550
muy bien habrás tomado
las armas que a sus hijos ha dejado.

Constantino

Primero que yo haga
lo que con tanto amor habéis propuesto,
es bien me satisfaga
despacio y no tan presto,
y así para otro día dejemos esto.

Jornada quinta y última

Escena I
Entran san Silvestre, papa; Albinio y Olimpio.

Coro

La noche comenzaba
a descubrir la luz de su lucero,
cuando Silvestre estaba
cantando lastimero:
¡Oh dulce Jesús mío, por ti muero!
Y como ya no había
quedado otro pastor ni ganadero,
el eco respondía
muy claro y casi entero:
¡Oh dulce Jesús mío, por ti muero!   10
¿Qué piedras, qué diamantes,
qué corazón habrá de duro acero,
a quien no le quebrante
un estrago tan fiero?
¡Oh dulce Jesús mío, por ti muero!
Cese, Señor, el llanto,
venga la alegre paz que de ti espero,
renueve ya su canto
la Iglesia placentero:
¡Oh dulce Jesús mío, por ti muero!   20

Silvestre

¡Oh vida triste, larga y enojosa!
Dime, ¿por qué dilatas y detienes
al alma que en la tierra no reposa?
Vanos son tus placeres y tus bienes,
tus tormentos y penas puco duran,
con sola la apariencia te entretienes.
¡Oh dichosos aquellos que aseguran
con el martirio breve y fortaleza

el eterno descanso que procuran!
¡Oh reino celestial de suma alteza!   30
¿Cuándo será aquel día venturoso
en que podré gozar de tal lindeza?
Bien sabes tú, mi Dios, cuán deseoso
estaba del martirio el flaco pecho,
hecho con tus favores animoso.
Mas como a siervo inútil sin provecho
quisiste reservarme de la muerte
con que fuera el deseo satisfecho.
No permitas que pueda yo ofenderte
con vida por tu mano libertada   40
de la persecución y estrago fuerte.
Por mí será tu Iglesia gobernada,
pues es tu voluntad, hasta que acabe
conforme mi esperanza la jornada.
Procuraré que el mundo siempre alabe,
ensalce y glorifique el santo nombre
en quien todo el honor y gloria cabe.
Procuraré también que a nadie asombre
de los perseguidores el tormento,
pues permanece Dios y muere el hombre.   50
Con esperanza sola me sustento,
teniendo en mi chozuela mal pulida
mi Cristo en admirable sacramento.
Aquí tienen refugio, aquí manida,
los que del fiero mal y caso duro
han sido conservados en la vida.
Y hasta que del todo esté seguro
de la persecución tu pueblo santo,
aquí celebro sacrificio puro.
Y aunque el cruel rigor cesó algún tanto,   60
según que fue terrible su fiereza.
a muchos todavía pone espanto.

Por tu bondad, Señor, por tu grandeza,
cese la tempestad; venga bonanza;
acábense los males con presteza.
Mas no pierdo del todo la esperanza
de darte en sacrificio yo la vida
por vida tan ajena de mudanza.

(Éntrase.)

Albinio
Por esta senda que es menos seguida
creo que llegaremos a la cueva   70
donde hace Silvestre su manida.

Olimpio
Pues yo no sé el camino, tú me lleva,
porque deseo encarecidamente
llevar a Constantino dulce nueva.

Albinio
Deja hacer a mí, que diligente
seré porque Silvestre sea llevado
y que al emperador se represente.

Silvestre
Yo soy Silvestre a quien habéis buscado;
llevadme, que a la muerte tan dichosa
más que a vivir estoy aparejado.   80

Olimpio
No temas ya a la muerte rigurosa,
santo pastor, pues somos tus ovejas
y nuestra suerte ha sido venturosa.

Albinio
Cesen ya tus clamores y tus quejas:
danos tu bendición porque, con tanto
y tal bien, sumo gozo al alma dejas.

Silvestre
¡Oh Dios eterno, sabio, justo y santo,

cómo sabes, Señor, cuando te place,
mudar en dulce gozo el triste llanto!

Olimpio   Diremos lo que a nuestro caso hace,   90
señor, que la tardanza es insufrible,
pues de placer el alma se deshace.
Que Constantino magno e invencible
pide con gran instancia que le veas,
que tu vista será muy apacible.
Cumplido es ya, señor, lo que deseas,
y paz a los cristianos es ya dada
porque mejor los rijas y proveas.

Silvestre   ¡Oh cosa de los cielos ordenada!
¿Y que ha sido la causa, hijos míos,   100
de enviaros a mí con la embajada?

Albinio   Con gran trabajo, con calor y fríos
fue nuestro emperador a la batalla
en que a Magencio quebrantó los bríos.
Después con tal enfermedad se halla
que no hay médico alguno que se atreva
con medicina y artes a curarla.
Dícenle que haciendo triste prueba
(costosa mucho y de terrible daño),
bañándose con sangre tierna y nueva,   110
quedará sin lesión de un mal tamaño
con muerte de los niños inocentes;
mas Dios quiere excusar tan gran engaño,
porque de noche clara y patentes,
a Constantino, juntos se mostraron
Pedro y Pablo, doctores de las gentes.
Y con gran potestad le amonestaron
que no hiciese tal, mas que llamase

a aquel que en su lugar ellos dejaron.
Y como el César esto declarase,   120
como cristianos tuyos le pedimos
que tal cargo de nos se confiase.
Y luego sin tardar a ti venimos,
pidiéndote que prestamente acudas
cumpliendo la palabra que le dimos.
Estando confiados que si ayudas
a la lepra que tiene en cuerpo y alma,
quedará sin errores y sin dudas.
Está todo el imperio puesto en calma
hasta ver quién será tan venturoso   130
que en esta cura quede con la palma.

Silvestre   Vamos, que no seré ya perezoso
en atajar un caso lastimero
y comenzar un hecho tan glorioso.
¡Oh médico del cielo verdadero,
que a los que en ti confían prometiste
mudar los montes! Dame tú primero
aquella misma fe que tú pediste,
porque desconfiando de mí mismo
confié en la palabra que me diste.   140
Señor, que con el agua del bautismo
y con tu sangre lavas el pecado
y libras a los hombres del abismo,
concédeme que siendo bautizado
el nuevo emperador por esta mano
quede en el alma y cuerpo remediado.
Que si por tu bondad fuere cristiano,
restaurará el estrago que nos vino
con las persecuciones del tirano;
con tanto apresuremos el camino   150
y vamos con humildes oraciones

pidiendo al alto Dios favor divino.

Olimpio   Señor, que sabes nuestras intenciones,
socorre a tu pontífice que pueda
sanar los cuerpos y los corazones.

Albinio   Señor, deshaz los lazos y las redes
del demonio que tanto nos persigue;
tu gloria crecerá si lo concedes.

Silvestre   ¡Crezca, mi Dios, el pueblo que te sigue
con la paz tan amiga y deseada!   160
¡No haya perseguidor que los fatigue!
A ti la honra y gloria será dada,
a ti desde milagro los loores;
pues sin ti el hombrecillo puede nada.
¡Cesen un poco ya nuestros temores,
porque tu nombre todos adoremos
saliendo en este trance vencedores!

Escena II
Entran Silvestre, papa; Constantino, emperador.

Constantino   Pontífice sagrado,
del sumo emperador lugarteniente,
pues conozco tu estado,   170
a mí será decente
darte lugar supremo y eminente.
Por mí restituida
será tu dignidad y restaurada,
y por mí defendida
de la enemiga espada,
enriquecida siempre y venerada.
A ti, señor, me ofrezco

por hijo y el menor entre tus fieles,
aunque no lo merezco   180
para que (como sueles)
nos enseñes, gobiernes y consueles.

Silvestre   Emperador cristiano,
íncilto vencedor de Dios amado,
recibo de tu mano
el honor sublimado,
que en darlo a mí, mi Dios es adorado.
Pues ya crees y sabes
que Cristo con amor y ardiente celo
a mí dejó las llaves,   190
y solo se abre el cielo
aquel a quien abriere yo en el suelo.

Constantino   ¡Oh Dios! ¿Qué recompensa
daré por beneficio tan preciado
que me estorbo la ofensa
y cruento pecado
que es con humana sangre ser bañado?
¡Quedemos limpios y sanos
que si nunca la lepra me afeara!
Pero tal fue la mano,   200
no de bienes
que a todo el mundo junto allí sanara.

Silvestre   Los bienes temporales,
aunque divinamente restaurados,
son dones celestiales.
No han de ser comparados
con la gracia que lava los pecados.

Constantino   Con don tan soberano

ya veo nueva tierra y nuevo cielo
con gozo más que humano,   210
que no produce el suelo
tan limpio, tan seguro, y tal consuelo.
Por él he conocido
a aquel inmenso Dios que me ha criado.
Por él he aborrecido
el ciego error pasado
de haber las criaturas adorado.
¡Oh celestiales baños
de la divina sangre que lavando
nuestras culpas y daños,   220
y el alma rescatando,
el terreno en divino va mudando!
Ensalce yo tu nombre,
Señor, que por el bien de tu hechura
quisiste hacerte hombre
y con muerte tan dura
pagar la ofensa de tu criatura.
¿Mas qué podré yo darte,
pues todo lo que soy he recibido,
para poder mostrarte   230
que soy reconocido
y a tu divina gracia agradecido?

Silvestre   Aunque todos debemos
a nuestro Dios merced tan sublimada,
pues que por ti tenemos
la paz tan deseada
y la divina fe tan ensalzada.
Tú, señor, entre todos
te debes señalar en esta parte,
pues que por tales modos   240
ha querido guiarte

y darte de su pueblo el estandarte.
Ahora te ha escogido
por nuestro defensor y levantado,
porque restituido
nos sea y aumentado
lo que el perseguidor nos ha quitado.

Constantino   Mi principal intento
será poner las fuerzas del estado
procurando el aumento   250
deste pueblo sagrado
con la sangre de Cristo señalado.
Pastor y padre nuestro,
guiarnos y enseñarnos es tu oficio;
como sabio maestro,
dime con qué ejercicio
a vuestro Dios haré mayor servicio.
Dame la industria y arte
con que mejor se amparen los cristianos,
porque yo de mi parte   260
pondré luego las manos
en deshacer los hechos de tiranos.

Silvestre   El fin que pretendieron
los crueles, tus pasados,
que la fe persiguieron,
fue, señor, que afrentados
fuésemos y del todo destrozados.
Para esto derribaron
los templos y mataron los prelados,
los bienes confiscaron,   270
quitaron los estados
que en la guerra y paz nos eran dados.
Mandaron se quemase

nuestra Escritura y no quedase vivo
quien no sacrificase;
y otro mandato esquivo,
que no se libertase algún cautivo.
Mandaron finalmente,
para ponernos en perpetuo olvido,
muriese cruelmente   280
el que fuese atrevido
dar a los muertos el honor debido.
Quemaron (como sabes)
y pusieron los cuerpos de los santos
por manjar de las aves;
lo cual causó más llantos
que la demás crudeza y sus espantos.
Conviene aquesto sea
por ti primeramente remediado,
y después se provea   290
con qué será amparado
el pueblo a ti sujeto, y aumentado.
Sintiera gravemente
el recontar tan bravos disfavores,
si el consuelo presente
y los nuevos favores
no restauraran todos los dolores.
Mas la divina diestra
ha de fortalecer y dar constancia
para que por la nuestra,   300
con toda vigilancia
se consiga lo que es tan de importancia.

Constantino   Mando primeramente
que templos suntuosos se edifiquen
en que al omnipotente
los nuestros sacrifiquen

y con himnos y cantos glorifiquen.
Y todos los prelados
en sus sillas serán restituidos
si estaban desterrados,   310
los siervos redimidos
y en dulce libertad constituidos.
Los oficios honrosos
se les han de volver, y mejorados;
castigos rigurosos
serán ejecutados
si fueren por alguno inquietados.
Los huesos venerables
que fueron templo y casa de Dios vivo,
y a mí son tan amables,   320
a mi cargo recibo;
honrarlos, pues en su favor estribo.
Dese luego mandado
los que tienen reliquias las exhiban,
y en pago del cuidado
yo haré que reciban
el premio con que noblemente vivan.
Y a las que tú juntadas,
santo pastor, con tanto celo tienes,
ofrezco por moradas   330
(si en esto tú convienes)
mi palacio y tesoro con mis bienes.
Y porque la pobreza
y estrago ya pasado no consiente
el ornato y alteza
que veo ser decente
y a las cosas divinas conveniente;
con riqueza adornados
serán por mí los templos soberanos
y de renta dotados,   340

y en el de los romanos
serán más liberales estas manos.
Aquí la plata y oro
sirvan, aquí las perlas del oriente;
consérvese el decoro
que a Dios es conveniente,
y al templo y sacerdotes juntamente.
Que pues los hombres vanos
en casas tan lucidas se aposenta,
siendo viles gusanos,   350
y se corren y afrentan
cuando su dignidad no representan;
más justo es que se haga,
según que la flaqueza nuestra puede,
algo que satisfaga,
en que memoria quede
de aquel que lo criado tanto excede.

Silvestre   Por mí la Escritura
con mucha diligencia conservada
y entera, limpia y pura,   360
haré que trasladada
se lleve a dondequier que fue quitada.
Y porque siempre dure
de aquellos capitanes la memoria,
haré que se procure
con diligente historia
recontar sus hazañas y su gloria;
y que los huesos santos
por todo el mundo sean recogidos,
y con alegres cantos   370
honrados y servidos
por sus hechos, que son esclarecidos.
Y para que la gente

con tan ilustre ejemplo conmovida
los adore humildemente,
razón es conocida
que por nosotros sea prevenida.

Constantino   Tú serás el primero
y yo te seguiré, que en tal camino,
como fiel verdadero,   380
de ti seré contino
criado por tu ejemplo, que es divino.

Adoran.

Silvestre   Moradas celestiales,
sagrarios donde Dios es adorado,
amparo de mortales,
oráculo sagrado,
figura viva del crucificado,
pues ya viven seguras
las almas de que fuistes aposento
de toda mancha puras,   390
con vuestro tormento
ganaron el eterno y dulce asiento,
los pobres afligidos
que desa patria estamos desterrados,
con llantos y gemidos
pedimos humillados
ser con vuestra presencia reparados.

Constantino   Valientes caballeros,
cuyo triunfo fuerte y venturoso
los tiempos venideros   400
harán más glorioso
con la dorada paz fiel reposo,

mi imperio os encomiendo,
que desde aquí seréis sus defensores:
porque muy bien entiendo
que con vuestros favores
podrá durar ajeno de temores.
Y con vuestra presencia
alegre viviré con la esperanza
que la suma clemencia,   410
después desta mudanza,
nos juntará en la bienaventuranza.

Silvestre   Manda que con canciones
sean de todo el pueblo venerados
tan célebres varones,
y que galardonados
sean por quien mejor fueron loados.

Constantino   Mando que diligente
ene esto sea el pueblo y el Senado:
jueces, presidente,   420
tengan dello cuidado,
y el que se señalare sea premiado.

Escena última
Entran Gentilidad, Idolatría, Crueldad, Iglesia, Fe, Esperanza, Caridad.

Gentilidad   ¡Oh triste hado, con razón temido,
despojo universal de mi grandeza!
¡Oh estado miserable y abatido!
Infame y afrentosa es mi bajeza,
pues contra un pueblo pobre, perseguido,
no tuve yo bastante fortaleza.
Señora universal era del mundo
y ahora desterrada va al profundo.   430

114

¿Dónde está mi poder, mi ilustre imperio?
¿Dónde mi antigüedad y mis blasones?
¿Qué aprovechó la afrenta y vituperio?
Las muertes, los tormentos y aflicciones,
las leyes de destierro y cautiverio
no vencen los cristianos corazones.
Yo quedo muerta, yo vituperada,
cautiva, triste, aflicta y desterrada.
Mis ciudades de luto encubertadas,
mis teatros, mis círculos, mis fiestas,   440
mis pompas y soberbias ya acabadas,
mis colosos, mis bosques y florestas,
mi capitolio y aras derribadas,
mis alegrías todas ya funestas:
finalmente, trocado ya mi canto
en desdichas sin fin y eterno llanto.

Idolatría   ¿A dónde podré ya hallar morada,
de mi querido albergue despedida?
¿Y cómo lloraré tan lastimada,
que apenas sustentar puedo la vida?   450
¡Oh fortuna cruel, desvariada,
engañosa, traidora, fementida!
Di para qué me diste tal pujanza
si habías de revolver con tal mudanza.
Los dioses inmortales entregados
en manos de mortales enemigos,
sus ídolos y templos derribados,
que las ruinas quedan por testigos;
los que los adoraban ya mudados
y del cristiano Dios hechos amigos.   460
¿A dónde podré ya hallar morada,
de mi querido albergue desterrada?
¿Qué se hicieron ya mis agoreros,

los sacerdotes y los sacrificios,
magos, encantadores, hechiceros,
con todos sus agüeros y auspicios?
Oráculos creídos verdaderos,
los ritos, ceremonias, maleficios,
en un punto los veo fenecidos
y como sombra ya desaparecidos.   470

Crueldad   Callando moriré, pues que mis trazas
han sido como flacas telarañas;
pues que por los teatros y las plazas
se ríen de mi esfuerzo y de mis mañas.
Aquí fenecerán mis amenazas,
convertiré el furor en mis mañas.
No sé quién favorece a los cristianos
y los puede escapar de aquestas manos.

Iglesia   Cantemus Domino: glorioso
enim magnificatus est, equum,...,   480
ascensorem proiecit in mare.
¡Oh compañeras santas, qué alegría
ocupa y engrandece mi sentido!
Vosotras sois la luz, favor y guía,
y con vuestro valor hemos vencido.
Cesó el perseguidor que me afligía;
quedó por vencedor el perseguido.
Sin duda tal victoria toda es vuestra,
obra de Dios excelso y de su diestra.

Fe   Ya cumple su palabra y fiel promesa   490
sin un punto faltar tu dulce esposo,
pues todo el universo ve y confiesa
que al tiempo más sangriento y trabajoso
envía su bonanza, con que cesa

el turbulento mar tempestuoso.
Y la madre el dolor pone en olvido
con el gozo del hijo que es nacido.

Esperanza

De los bienes presentes que te ha dado
podrás conjeturar si es cosa cierta
que cumplirá lo que ha capitulado   500
con la gente que entrare por tu puerta.
Viva tu pueblo alegre y confiado
pues que la Crueldad y Muerte es muerta,
que al mundo se dará la paz cumplida
y al que murió por Dios eterna vida.

Caridad

Aquel amor divino que ab eterno
puso tu Dios en ti para lavarte,
con sangre de tus culpas es tan tierno
que en tiempo alguno no podrá olvidarte.
De aquí nació tu paz y buen gobierno,   510
y si grata a tal bien quieres mostrarte,
primero entiende lo que a Dios aplace,
que amor con otro amor se satisface.
Y con ánimo fiel y agradecido,
recuente cada una la victoria
que la divina mano ha concedido,
para que sea eterna la memoria,
llevando a su enemigo ya vencido,
con singular triunfo y digna gloria
tú serás, santa Iglesia, la primera;   520
nosotras seguiremos tu bandera.

Iglesia

Aquel aliento altísimo y divino
que a los santos discípulos fue dado
(que de alegría pura y casto vino
siendo el sacro colegio embriagado,

lenguaje griego, bárbaro y latino
a todos infundido), su amor sagrado,
pido a mi dulce esposo, y con su ayuda
a Dios podrá alabar mi lengua ruda.
Recontaré primero el beneficio 530
de la paciencia y fortaleza dada
con que tan digno odor y sacrificio
hice a mi Dios por fuego y por espada,
dejando por hacerle algún servicio
honor, hacienda y vida tan amada.
Recontaré los hechos generosos
de los que el cielo tiene victoriosos.
Aquella gran constancia y mansedumbre
que a los mismos tiranos espantaba,
aquellos resplandores de la lumbre 540
divina que en su lengua se mostraba,
aquella confusión y pesadumbre
que a los pechos gentiles abrasaba
viendo que ni el tormento ni la muerte
pudo en un punto mudar el pueblo fuerte.
¿Qué diré de la paz tan deseada,
y en tal sazón y tiempo concedida,
con que fue reprimida y aplacada
la furia del tirano embravecida;
la liberalidad tan sublimada 550
con que del César soy favorecida?
Todo el mundo parece se ha trocado
para ayudar a mi feliz estado.
No solo son mis templos restaurados
y a mis hijos sus bienes restituidos,
pero más suntuosos y adornados,
y el culto de mi Dios engrandecido,
los misterios divinos adorados,
mi gremio dilatado y extendido.

¡Dichosa la fatiga ya pasada   560
con tal prosperidad remunerada!

Prende a la Gentilidad.

Venga el perseguidor, venga cautivo,
pues vive de su bien tan apartado;
que si quiere adorar a su dios vivo
y dejar a los muertos que ha adorado,
desde luego en mi casa le recibo,
donde será por mí muy bien tratado,
que mis venganzas siempre serán tales,
dando bienes en pago de los males.
Esta victoria y palma propia es mía,   570
pues contra mí la guerra fue movida;
increíble es mi gozo y alegría,
pues con tormentos soy fortalecida.
Pensaba Idolatría que podía
matarme a mí quitando al cuerpo vida,
pero con mi divina fortaleza
muy bien se ha parecido su flaqueza.
Con tormentos pensaba aniquilarme
y echar mi fuerte imperio de la tierra,
y ha sido causa tal de dilatarme   580
esta persecución y dura guerra,
que entiendo brevemente apoderarme
de lo que el universo mundo encierra,
y hasta las antárticas regiones
extender mis banderas y escuadrones.
Por todo el mundo suene y resplandezca
verdad con tanta sangre averiguada;
y todo se sujete y obedezca
a la ley con milagros aprobada.
Idolatría con su error perezca;   590

119

vaya de todo el orbe desterrada,
en cadena y cruel prisión metida
como cautiva mísera rendida.

Esperanza

Reconozcan los fieles mi grandeza
y déseme trofeo señalado,
pues di valor y general firmeza
con que de los tormentos han triunfado.
Yo deshice las fuerzas de crudeza,
y esta áncora en mis hombros ha causado
que entre las tempestades y bramuras   600
sus naves conservasen tan seguras.
Por la Esperanza firme y verdadera
de la gracia divina confortados
pasaron con esfuerzo la carrera
de los males y bienes no mudados.
Que quien resucitar eterno espera
entre los coros bienaventurados,
en esta vida breve tiene en nada
el temeroso golpe de la espada.
¡Ah, fiera Crueldad!, ya se acabaron   610
tus amenazas crudas y tus fieros,
que bien te resistieron y afrentaron
en la guerra mis santos caballeros;
y a la cadena dura te entregaron
con el odio y furor tus compañeros.
¡Tal monstruo ni se vea en todo el mundo;
enciérrese en las cuevas del profundo!

Caridad

Si la victoria que es de los soldados
más es del capitán que los concierta,
porque dél son regidos y amparados;   620
él los mueve y anima y los despierta,
los cautivos que están encadenados.

Y la palma ser mí es cosa cierta,
pues si Fe y Esperanza tienen fuerza,
nace de mi valor que las esfuerza.
Aquel amor del pecho soberano,
cuya luz oscurece las estrellas,
oyendo mis clamores dio su mano
al pueblo, mitigando sus querellas;
y el corazón amado del cristiano   630
abrasó con su ardor y sus centellas,
con que todo el furor endurecido
con el sacro martirio fue vencido.
No hay caridad mayor ni más subida
que por la honra y gloria del amigo
poner con pecho fuerte y dar la vida,
y desto el mismo Cristo fue testigo.
De aquí queda patente y conocida
la fama ilustre y santa que consigo,
pues hice que la vida tantos diesen   640
a Dios, y en sacrificio la ofreciesen.
Vaya Gentilidad en detrimento
hasta que se convierta o se destruya.
No halle Idolatría algún asiento;
de todo corazón humano huya.
Cese la Crueldad y su tormento.
Cantemos todos juntos Aleluya.
Los santos huesos sean recogidos
y por los pueblos fieles repartidos.

Iglesia   ¡Oh magno emperador, a quien fue dado   650
por la diestra de Dios omnipotente
restituir aquel antiguo estado
con tal aumento de su Iglesia y gente!
Gratificarlo el mundo es excusado,
que pago un bien tan alto no consiente;

sola la piedad y gloria inmensa
de Dios te puede dar la recompensa.
Y tú, pastor dichoso, que escogido
fuiste por medianero e instrumento
para que el pueblo santo perseguido   660
hallase ya reposo y dulce asiento,
alégrate, pues Dios te ha concedido
tan alto don y celestial contento
para que sea mayor nuestro consuelo
cuando nos apacientes en el cielo.
Amado pueblo mío mexicano,
en mis postrimerías concebido,
conoce el don tan rico y soberano
que en nombre de mi Dios te ha concedido.
Y pues tan liberal la excelsa mano   670
en darte tal favor contigo ha sido,
no seas encogido ni avariento
en darle el corazón por aposento.

Fe   Entiende y mira que el tesoro santo
de las reliquias santas que hoy te han dado,
el día que pondrá terrible espanto
al Sol y Luna y todo lo criado;
desde tu gremio, que es dichoso tanto,
ha de resucitar glorificado;
adorarle con ánimo cristiano   680
a pesar del engaño luterano.

Esperanza   Las ciudades do han sido desechadas
estas reliquias santas y otras tales,
con justa causa han sido despojadas
de bienes y cercadas de los males;
mas donde han sido siempre veneradas,
alcanzan los favores celestiales.

No temas si las honras, pueblo pío,
de los dones del cielo estar vacío.

Caridad   Amor hizo que tanto padeciesen   690
por su fe, por su Dios y por su gloria;
amor les dio valor con que venciesen;
amor les dio en las manos la victoria;
amor también les hizo que viniesen
y en México pusiesen su memoria;
amor piden por paga, y yo lo pido
y perdón por las faltas que haya habido.

Villancico

Coro   El saber divino
dio su paz y amor,
dando a Constantino,   700
magno emperador.
Hízolo instrumento
de su gran piedad,
quitando el tormento
de fiera Crueldad;
y a Gentilidad
dejó sin vigor,
dando a Constantino,
magno emperador.
Queda Idolatría   710
del todo asolada,
y por esta vía
la cruz ensalzada.
Tal traza fue dada
del sabio Señor,
que dio a Constantino,
magno emperador.

Los huesos sagrados
que eran abatidos,
ya son venerados
con honra y servidos.
Fueron recogidos,
dando su favor
el gran Constantino,
magno emperador.

720

Finis

Libros a la carta

A la carta es un servicio especializado para
empresas,
librerías,
bibliotecas,
editoriales
y centros de enseñanza;
y permite confeccionar libros que, por su formato y concepción, sirven a los propósitos más específicos de estas instituciones.

Las empresas nos encargan ediciones personalizadas para marketing editorial o para regalos institucionales. Y los interesados solicitan, a título personal, ediciones antiguas, o no disponibles en el mercado; y las acompañan con notas y comentarios críticos.

Las ediciones tienen como apoyo un libro de estilo con todo tipo de referencias sobre los criterios de tratamiento tipográfico aplicados a nuestros libros que puede ser consultado en Linkgua-ediciones.com.

Linkgua edita por encargo diferentes versiones de una misma obra con distintos tratamientos ortotipográficos (actualizaciones de carácter divulgativo de un clásico, o versiones estrictamente fieles a la edición original de referencia).

Este servicio de ediciones a la carta le permitirá, si usted se dedica a la enseñanza, tener una forma de hacer pública su interpretación de un texto y, sobre una versión digitalizada «base», usted podrá introducir interpretaciones del texto fuente. Es un tópico que los profesores denuncien en clase los desmanes de una edición, o vayan comentando errores de interpretación de un texto y esta es una solución útil a esa necesidad del mundo académico.

Asimismo publicamos de manera sistemática, en un mismo catálogo, tesis doctorales y actas de congresos académicos, que son distribuidas a través de nuestra Web.

El servicio de «libros a la carta» funciona de dos formas.

1. Tenemos un fondo de libros digitalizados que usted puede personalizar en tiradas de al menos cinco ejemplares. Estas personalizaciones pueden ser de todo tipo: añadir notas de clase para uso de un grupo de estudiantes, introducir logos corporativos para uso con fines de marketing empresarial, etc. etc.

2. Buscamos libros descatalogados de otras editoriales y los reeditamos en tiradas cortas a petición de un cliente.

Printed in Poland
by Amazon Fulfillment
Poland Sp. z o.o., Wrocław

69305520R00076